토끼는 당근을
먹지 않는다

"인간만이 생각하는 동물은 아니다. 하지만 인간은
자신이 동물이 아니라고 생각하는 유일한 존재다."

— 고생물학자 파스칼 피크

옮긴이 박찬규

서강대학교에서 불어불문학을 전공하고, 프랑스 파리의 광고전문학교 Sup de Pub과 앙제 대학교에서 광고와 커뮤니케이션 과정을 수료하였습니다. 잡지 〈샘이깊은물〉 기자로 활동하였으며 지금은 출판 편집과 번역 일을 하고 있습니다. 번역한 책으로 『전쟁의 슬픔』(예담), 『디자인에 대해 알고 싶은 모든 것들』(다빈치), 『남녀차별은 왜 생겨났나』(구름서재), 『엘리자베스의 편지』(아롬주니어) 등이 있습니다.

우리가 동물에 대해
알아야 할 진실

토끼는
당근을
먹지
않는다

위고 클레망 지음 | 박찬규 옮김

LES LAPINS NE MANGENT
PAS DE CAROTTES

구름서재

동물에 관한 오해와 진실

"아빠, 다시!"

두 살배기 딸 짐이 소파에 제 옆에 바짝 붙어 앉습니다. 방금 책을 덮었지만 늘 그랬듯이 짐은 이야기를 다시 듣고 싶어 합니다. 나는 처음부터 다시 책을 넘기며 숲속 동물들의 그림을 함께 봅니다. 그중에는 당근을 들고 있는 토끼도 있습니다. 짐은 그것을 가리키며 "토끼!" 하고 소리칩니다. 사실, 토끼는 아이가 이름을 말한 최초의 동물이었습니다. 아마 아이가 가진 장난감 중에 헝겊으로 만든 토끼가 있어서일 겁니다. 아이는 때때로 그 것을 식탁 위에 놓고 먹이를 주는 시늉을 합니다. 나는 숟가락 의 내용물을 바닥에 흘리는 것을 막으려고 "아냐, 그건 토끼가 먹는 게 아냐!"라고 말해줍니다. "토끼는 뭘 먹지?" 내가 물어보면 1초도 안 되어 "당근!"이라는 대답이 튀어나옵니다. 그러면 나는 "잘했어, 우리 딸!" 하고 칭찬을 해 줍니다.

토끼가 당근을 먹는다는 것은 여러분이나 제게 당연한 사실이었을 겁니다. 많은 동화책, 광고, 만화 등에서 당근이 토끼와 함께 등장하기 때문이죠. 하지만 놀랍게도 토끼는 자연 상태에서 당근을 먹지 않습니다! 나는 최근에 출판 편집자인 소피 드 클로제츠와 대화하면서 이런 사실을 알게 되었습니다. 처음에는 반신반의하며 웃어넘겼고 다음에는 정말 그런지 찾아보았습니다.

토끼는 엄격한 초식동물이며, 우리가 생각하는 것과 달리 '설치류'가 아닌 '토끼류'에 속합니다. 토끼 기르기 안내서인 『행복한 토끼들을 위한 지침서』는 "야생에서는 토끼류들이 종일 햇볕을 받은 신선한 풀을 먹고 산다. 따라서 토끼에게 먹이를 줄 때는 건초를 기본으로 한다"[1]고 설명합니다. 여기에 덧붙여 동식물 연구가인 피에르 리고는 『놀라운 토끼』라는 책에서 "토끼는 칼로리가 적고 오래 먹을 수 있는 식물이 필요하다"[2]고 말합니다.

야생의 토끼는 땅속뿌리를 거의 먹지 않습니다. 당근은 뿌리이므로 당연히 토끼는 당근을 먹지 않습니다. 더군다나 당근은 토끼에게 해롭습니다! 당분이 많은 당근은 많이 먹으면 비만, 위장장애, 충치 등의 건강 문제를 일으킬 수 있습니다. "당근을 간식으로 가끔은 줄 수 있어도 그 이상은 안 된다."고 『행복한 토끼들을 위한 지침서』의 지은이 마갈리 들로벨은 경고합니다.

하지만 당근을 토끼의 주식이라고 믿는 사람들은 이 당분 덩어리를 토끼에게 강제로 먹입니다. 이것은 마치 아이에게 식사로 사탕이나 초콜릿바를 주는 것과도 같습니다. 영국 수의협회 대변인은 "토끼에게 나타나는 건강 문제 여섯 건 중 다섯 건은 잘못된 식사와 관련이 있다"[3]고 지적합니다. 이 때문에 영국 최대의 동물 보호 협회인 왕립동물학대방지협회(RSPCA)에서는 토끼 주인을 상대로 당근을 주지 말 것을 권고하는 캠페인을 벌이기도 했습니다.

그러면 이 엄청난 오해는 어디에서 시작되었을까요? 왜 '해로운 음식'[4]이 귀여운 토끼들이 가장 좋아하는 먹이로 알려지게 되었을까요? 아마 누군가 토끼가 땅속에서 튀어나온 당근의 푸른 잎을 먹는 것을 본 데서 생겨난 오해 아닐까요? 그럴지도 모릅니다. 토끼가 텃밭에서 당근잎을 뜯어 먹는 것을 보고 당근

▼**토끼류와 설치류**
토끼, 피카 등이 토끼류(라고모프)에 속하며 쥐, 다람쥐, 비버, 고슴도치 등은 설치류에 속한다.

▼**왕립동물학대방지협회** (RSPCA)
RSPCA(Royal Society for the Prevention of Cruelty to Animals)는 잉글랜드와 웨일즈에 본부를 두고 동물 학대 예방과 동물 복지의 증진을 위해 활동하는 자선 단체이다. 1824년에 설립되었으며, 세계에서 가장 오래되고 규모가 큰 동물 복지 단체 중 하나이다. 영국 내에 200여 개의 지부를 두고 있으며 유럽, 아프리카, 아시아 등에서도 국제적인 봉사활동을 벌이고 있다.

을 좋아한다고 생각하게 되었을지도 모릅니다.

　그러나 당근과 뗄래야 뗄 수 없는 토끼 이미지를 결정적으로 세계에 퍼뜨린 것은 루니 툰의 애니메이션 시리즈 〈벅스 버니〉였습니다. 벅스 버니 시리즈는 1938년 스크린에 처음 등장했습니다. 그리고 1940년에 나온 애니메이션 만화에서 세계에서 가장 유명한 이 토끼는 등장하는 내내 당근을 갉아 먹고 있습니다. 그러나 놀랍게도 이 캐릭터는 토끼가 아닌 사람에게서 따온 것입니다. 벅스 버니의 모델은 바로 미국의 유명 배우 클라크 게이블이었습니다. 1934년에 개봉한 흑백 영화 〈어느 날 밤에 일어난 일(It Happened One Night)〉에서 그는 대부호 가문의 상속녀와 사랑에 빠진 기자 피터 원 역할을 맡았습니다. 영화에 두 주인공이 히치하이킹을 하는 장면이 나오는데, 여기서 클라크 게이블은 당근 껍질을 빠르게 이로 벗겨 먹으며 파트너에게 운전자의 관심을 끄는 방법을 설명합니다. 이 인상적인 장면을 본 벅스 버니 제작자 중 한 명인 프리즈 프렐렁이 주인공 토끼에게 생명을 불어넣었고, 이 애니메이션이 세계적인 성공을 거두면서 전 세계 사람들은 오늘날도 토끼가 당근을 좋아한다고 믿게 되었습니다.

　이 에피소드는 인간이 동물에 대해 가지는 태도를 잘 보여줍니다. 사실, 우리가 동물에 가지는 이미지는 현실과 거의 일치하지 않습니다. 양은 온순하고 순종적이다? 돼지는 더럽다? 늑대는 비열하다? 닭과 물고기는 멍청하다? 등등 … 습관적으로 우리는 인간 아닌 모든 것들을 우리보다 열등한 것으로 간주합니다. 이렇게 우리는 자연에 대한 인식과 현실 사이에 거리를 만들어 갑니다. 이런 왜곡된 인식은 동물에 대한 무시와 혐오, 부당한 착취와 폭력, 학대를 정당화하는 수단으로 사용됩니다.

따라서 우리는 과학적 지식의 발전에도 불구하고 바뀌지 않는 동물에 대한 태도나 표현을 다시 점검해 볼 필요가 있습니다. 이것이 이 책을 통해 제가 이루고 싶은 일입니다. 우리를 둘러싼 세상에 대한 시선을 바꾸고, 그들과 평화롭게 공존하는 방법을 찾고, 그들처럼 우리도 동물 세계의 일원이라는 사실을 깨닫는 것 말입니다!

여러분에게 약속합니다. 이 흥미로운 여행은 여러분이 가지고 있던 편견을 뒤집어 놓을 것입니다. 동물에 대한 지적 탐험이나 흥미를 위해서가 아닙니다. 생물 다양성 붕괴와 기후 위기 앞에서 동물에게 가해지는 부당한 행위의 심각성을 깨닫는 것은 윤리의 문제이자 우리 모두의 생존 문제이기도 합니다. 이제, 동물뿐만 아니라 우리 인간을 위해서도 생명에 대한 시각을 바꾸는 것이 시급합니다!

1

인간도 동물이다

"이런 우월성의 주장은 다른 생명체들을 착취하고 파괴하는 행동을 정당화하는 근거가 되었다. 우리는 세상을 두 개의 명확한 칸막이로 나누고 한쪽은 인간, 다른 쪽은 비인간으로 표시한다. 인간이 인간에게 저지를 수 있는 최악의 범죄는 '동물처럼' 대하는 것이다."

브윈디 천연국립공원(Bwindi Impenetrable National Park)은 말
그대로 '빽빽한(impenetrable)' 숲으로 이루어져 있다. 3시간 동안
걸어왔지만, 한 발자국을 나아갈 때마다 '더 나아갈 수 있을까?'
하는 생각이 든다. 야생 정글의 이미지 그대로 빽빽한 나무와
풀, 더위와 습기가 한 발자국 내딛는 것마저 힘겹게 만든다. 하
지만 레인저들의 움직임은 놀랍도록 경쾌해서, 너무 앞서가지
않도록 주기적으로 걸음을 멈추고 우리를 기다려 준다.

나는 잠깐의 휴식을 틈타 몇 모금 물을 마시고 사람의 손길
이 닿지 않은 적도의 숲을 감상한다. 어떤 나무는 높이가 50미
터가 넘는데, 꼭대기에는 거대한 덩굴식물이 매달려 있다. 하지
만 내 눈에 비친 인상적인 장면은 이것만이 아니다. 나를 정말

▼브윈디 천연국립공원
아프리카 우간다 남서부에 있는 국립
공원으로 3만2천 헥타르가 넘는 면적
에 160여 종의 나무와 100여 종의 양
치류가 서식하는 등 풍부한 생물 다양
성을 자랑하는 삼림 지역이다. 또한 많
은 종의 새와 나비는 물론 산고릴라 등
멸종 위기에 처한 생물종들이 서식하
는 천연자원의 보고이기도 하다.

놀라게 한 것은 땅을 덮고 있는 식물 카펫이다. 줄기들끼리 얽히고설켜 하늘로 뻗어 오르는데, 어느 잎이 어느 나무에 속한 것인지 구분이 되지 않을 정도다. 가이드는 초록의 바다를 헤쳐 길을 내기 위해 쉴 새 없이 마체테(벌채용 칼)를 휘두른다.

고릴라의 숲

유럽에서는 이런 장관을 보여주는 숲을 찾아볼 수 없다. 수백만 마리의 곤충이 초목 아래 움직이고 있을 텐데, 이상하게 눈에 띄는 곤충은 거의 없다. 고레스가 토종 개미를 조심하라고 말해준다. "너무 오래 멈춰 있으면 다리로 기어오르고, 물리면 아파요!" 그녀는 쉬는 동안 신발이 몇 초 이상 땅에 닿지 않도록 계속 발을 굴러야 한다며 웃는다.

고레스는 서른여섯 살의 활기차고 유머가 넘치는 여성이다. 우간다의 자부심인 이곳 자연공원을 보호하는 레인저 중 한 사람으로, 수년 동안 매일 이곳을 탐험해서 브윈디를 손바닥 보듯 훤히 알고 있다. 브윈디 자연공원은 귀중한 보물들로 가득 찬 곳이다. 파리의 세 배인 320제곱킬로미터 면적의 숲에 4백에

16

서 5백 마리의 마운틴고릴라들이 살고 있다. 지구상에 1천 마리 밖에 남아 있지 않았음을 고려할 때 상당히 많은 숫자다. 전 세계 마운틴고릴라 개체수의 절반이 이곳에 살고 있는 셈이다. 나머지는 르완다와 콩고민주공화국에 흩어져 살고 있다. 멸종 위기에 처한 이 영장류를 가장 잘 보호하고 있는 곳이 바로 브윈디다. 얼마 남지 않은 개체수에도 불구하고 마운틴고릴라들의 상태는 오히려 좋아지고 있다. 20년 가까이 서식지를 엄격하게 보호하고 밀렵꾼에 대한 처벌을 강화하면서 숫자는 거의 두 배로 늘어났다. 하지만 여기엔 무엇보다 관광산업의 공이 크다.

서양의 단체관광객들은 자연 속 고릴라들을 관찰하기 위해 많은 돈을 지불한다. 최소 10미터의 안전거리를 유지하며 고릴라 가족들과 한 시간(1분도 초과할 수 없다) 정도 시간을 보내는 데에 1인당 650유로(환화 약 92만 원) 정도가 든다. 브윈디는 매년 2만 명 가량의 관광객을 맞이하고 수백만 유로의 수익을 낸다. 그 돈에서 공원 레인저들의 급여가 지급된다. 일부는 지역 주민들에게 재분배되며, 관광객을 맞아 생기는 경제적 수익도 상당하다. 이 시스템을 통해 숲(그리고 고릴라)을 보호하는 것이 숲을 밀어내고 차나 유칼립투스를 재배하는 것보다 지역 주민들에게 큰 경제적 이익을 가져다준다. 이렇게 브윈디는 1990년대 극심한 경제적 어려움에서 벗어날 수 있었다. 전에는 지역 전체가 숲으로 덮여 있었지만, 지금은 끝없이 펼쳐진 들판 가운데 한 부분으로 남아 있다.

약 40여 가구의 고릴라 집단이 이곳에 살고 있다. 그중 일부는 관광객이 접근할 수 없는 곳에 있다. 애초에 고릴라들은 사람을 만나야 할 이유가 없고, 만나고 싶어하지도 않는다. 몸무게가 300kg에 달하는, 헤비급 복서보다 훨씬 힘이 강한 우두머리 수컷 고릴라의 첫 번째 반응은 침입자를 쫓아내기 위해 돌진하는 것이다.

우리의 멋진 사촌들

레인저들은 관광객을 만나고 브윈디 보호 자금을 마련하기 위해 공원 외곽 쪽에 사는 60%의 고릴라 가족과 '습관화 과정'(공생 프로젝트)을 시작했다. 습관화란 오랜 기간에 걸쳐 영장류와 인간이 신뢰와 상호 존중 관계를 만들어가는 과정이다. 레인저들은 최소 3년 동안 매일 고릴라를 만나 친해지는 시기를 거친다. 긴 노력 끝에 유인원들이 더 이상 인간을 위협적인 존재로 여기지 않게 되면 비로소 관광객들이 고릴라를 관찰할 수 있다. 고릴라는 야생의 평온함을 유지하고 싶어 하므로 규칙은 엄격하게 지켜져야 한다. 실제로 수컷 고릴라가 친근감을 표하려는 방문객을 위협하는 경우도 적지 않지만 아직까지 심각한 사고는 보고되지 않았다.

고릴라들과의 습관화 과정이 진행되던 중에 우리는 조사를 위해 레인저 그룹과 동행했다. "여러분은 고릴라들이 처음 만나는 백인이에요. 고릴라들이 어떻게 반응할지 모르겠네요. 지금까지 고릴라들은 흑인만 봐 왔거든요." 고레스가 웃으며 농담을 건넨다. 코로나19 팬데믹으로 지침은 더욱 엄격해졌다. 마운틴고릴라는 우리와 같은 유인원과에 속하는 영장류이며 인간과 98.4%의 DNA를 공유한다. 즉 고릴라는 우리와 사촌 격이므로, 우리가 그들에게 질병을 전염시킬 수도 있고 그들이 우리에게 질병을 전염시킬 수도 있다.

우리는 밀림을 헤치고 계속 앞으로 나아간다. 레인저들은 갓 눈 배설물이나 초목이 꺾이거나 휜 모양을 보고 고릴라의 위치를 알아낸다. 우리에게 마스크를 착용하고 손을 소독하게 한 뒤 고레스가 안전 브리핑을 실시한다. "10개월 동안 방문해서 이제 조금은 익숙해졌지만 여전히 경계심이 남아 있어요. 우리 뒤에 바싹 붙어 돌발행동을 하지 말고 목소리를 낮추세요. 그들 중 한 마리가 당신을 향해 돌진해 오더라도 당황하면 안 됩니다. 해치려는 게 아니라 겁만 주려는 거니까, 달려오더라도 움직이지 말고 고개를 숙이세요. 그러면 다가오다가 멈추어 버릴 거예요. 또, 눈을 너무 오래 맞추는 것도 피하세요. 적대감의 표시로 볼 있으니까요."

설렘과 두려움이 교차하는 순간… 그럼에도 난 침착함을 유지하려고 애쓴다. 고레스와 그의 동료들을 믿기 때문이다. 그들 중 두 명은 최후수단으로 사용할 돌격 소총을 지니고 있다. 유인원들과 충돌했을 때를 대비한 것이지만(지금까지 그런 일은 발생하지 않았다), 그보다 밀렵꾼과 마주쳤을 때 대응하기 위한 것이다. 2020년에 밀렵꾼 중 한 명이 고릴라를 창으로 찔러 죽인 혐의로 중형을 선고받았다. 이 영장류를 사냥하기 위해 불법적으로 숲에 들어간 그에게 우두머리 수컷인 라피키가 달려들자 창으로 찔러 죽인 것이다. 다행히 브윈디에서는 이런 종류의 사건이 드문 편이다. 이 대형 유인원들이 이 지역의 자랑거리이자 수입원인 까닭이다.

이제 우리는 아무 말 없이 조심스럽게 발길을 옮기고 있다. 고릴라가 수풀 어딘가 가까운 곳에 있는 모양이다. 나뭇가지 부러지는 소리가 들린다. "그들이에요." 고레스가 조용히 외친다. "보기 전에 소리가 먼저 들리는 경우가 많아요." 우리는 몇 미터 더 전진한다. "저기! 나무 꼭대기요! 보이시나요?" 그녀가 내게 묻는다. "네, 보여요!" 내 몸이 얼어붙고 눈이 커진다. 지상에서 약 10미터 높이의 나뭇가지에 아담한 크기에 검은 털을 지닌, 아직 어려 보이는 마운틴고릴라 한 마리가 있다. 어린 암컷 고릴라라고 고레스가 확인해 준다. 조용히 나뭇잎을 씹고 있는데, 우리가 나타나도 전혀 동요하지 않는 눈치다. 우리와 비슷하게 생겼지만 털로 뒤덮인 손이 눈에 띈다. 다섯 손가락으로 가지를 헤쳐 나뭇잎을 고르는 솜씨가 능수능란해 보인다.

울부짖는 소리가 숲에 울 려 퍼진다. 어린 암컷이 고 개를 돌리더니 전속력으로 줄기를 타고 내려와 수풀 속 의 두 마리의 큰 고릴라 쪽 으로 달려간다. 우리와 너

브윈디 국립공원의 고릴라

무 가까이 있다고 생각한 어른 암컷들이 부른 것 같다고 고레 스가 설명한다. 고릴라들이 등을 돌리고 천천히 우리에게서 멀 어져 간다. 우리는 20미터의 거리를 유지하며 그들을 따라간다. 몇 분 뒤에 나머지 고릴라 가족을 만날 수 있었다. 그중 한 마리 는 덩치가 엄청나게 크고 등은 흰 털로 덮여 있다. 우두머리 수 컷이라고 고레스가 설명한다. 실버백이라 불리는, 등에 은빛 털 을 가진 고릴라다. 그 곁에는 어리지만 강인해 보이는 다른 수컷 이 있고, 조금 떨어진 곳에 암컷들도 보인다.

갑자기 공기를 찢을 듯 날카로운 외침 소리가 들린다. 사방의 초목이 흔들린다. 으르렁거리는 소리는 처음에는 낮았다가 점점 날카롭게 커진다. 심장이 오그라들 것 같은 소리다. "달려들 겁 니다. 침착해야 해요." 레인저 중 한 명이 말한다. 실버백 고릴라 가 덤불 밖으로 뛰쳐나온다. 사방의 나뭇잎이 흔들린다. 녀석이 비명을 지르며 레인저를 향해 돌진한다. 군복을 입은 남자들이 조금도 움직이지 않은 채 목구멍으로 낮은 소리를 낸다. 그러자

수컷이 일행으로부터 몇 미터 떨어진 곳에서 갑자기 멈춰 선다. 우리는 조심스럽게 뒤로 물러선다. 고레스도 똑같이 신비한 목소리를 낸다. 그러자 갑자기 우두머리 수컷이 돌아서서 조용히 덤불로 돌아간다. 고레스가 나를 안심시키려는 듯 웃으며 말한다. "이제 첫 번째 경고를 받은 거예요! 여기가 자기 집이고 더 이상 침범하면 안 된다는 걸 알려주려는 거죠. 우리가 낸 소리는 달래주기 위한 것이었어요. 고릴라 언어로 '우리는 친구로서 여기에 왔다'라는 화해의 메시지랍니다."

숲이 다시 평온해졌다. 고릴라 가족이 우리 가까이에 있다. 우두머리 수컷은 우리의 존재를 묵인하는 것 같다. 처음에 봤던 어린 암컷이 이제 다른 나무로 기어 올라간다. 녀석이 계속 쳐다보는 것 같다.

"눈을 쳐다봐도 될까요?"

고레스가 괜찮다고 답한다. 나는 녀석의 눈을 응시했다. 몇 초 동안 그렇게 있었는지 모르겠다. 20초? 어쩌면 30초?⋯ 나의 기분을 어떻게 설명할 수 있을까? 그 눈빛은 그야말로 '인간적'이었고, 강렬했고, 불안했다. 동물과의 사이에 이렇게 얇은 경계를 느낀 것은 처음이었다. 손과 표정과 동작과 모든 것이 동물과의 사이에서 즉각적인 친밀감을 불러일으켰다.

인간의 동물성 회복을 위하여

우리의 동물성을 일깨우는 데 유인원과의 만남처럼 효과적인 방법은 없을 것이다. 우리도 그들과 마찬가지로 동물이기 때문이다. 생물학에서 '동물'이란 다세포의 종속영양생물, 즉 유기 물질을 먹고 사는 생물을 말한다. 물론 인간도 그들 중 하나다. 하지만 수 세기 동안 인간은 동물적 상태에서 벗어나기 위해 노력했고, 여러 이유를 대며 다른 생명체와 자신을 구분해 왔다. 인간들은 이런 식으로 우리가 그들과 '다르고', '특별하며', 따라서 '우월하다'고 주장해 왔다. 그리고 이런 우월성의 주장은 다른 생명체들을 착취하고 파괴하는 행동을 정당화하는 근거가 되었다. 우리는 세상을 두 개의 칸막이로 나누고 한쪽은 인간, 다른 쪽은 비인간으로 표시한다. 인간이 인간에게 저지를 수 있는 최악의 범죄는 상대를 "동물처럼" 대하는 것이다.

우리가 일상적으로 하는 표현들이 인간과 인간 아닌 존재의 관계를 말해준다. 고생물학자 파스칼 피크는 이 사실을 다음과 같은 말로 요약했다. "인간만이 생각하는 동물은 아니다. 하지만 인간은 자신이 동물이 아

▼ 종속영양생물(heterotroph)
종속영양생물이란 다른 생물이나 그 생물의 사체를 통해 에너지를 얻는 생물을 말한다. 광합성이나 화학합성을 하는 독립영양생물(autotroph)에 대응하는 말이다.

니라고 생각하는 유일한 존재다."(파스칼 피크 외 지음, 『위대한 언어 이야기』)[5]

한 걸음만 물러나 생각해 보자. 과학적으로 인간은 영장류에 속하는 포유류이며, 유인원 중의 하나인 호모 사피엔스 종이다. 진화론적으로 보면 매우 약하고 어린 종에 속한다. 지구의 나이를 24시간으로 따지면 우리는 자정 직전에 나타난 신생아라고 할 수 있다. 호모 속의 가장 오래된 화석은 280만 년 전의 호모 하빌리스로 거슬러 올라가지만, 호모 사피엔스의 첫 흔적은 약 30만 년 전에 시작되었다. 그들이 아프리카에서 유럽 땅에 다다른 것은 '고작' 5만 년 전이며 농업을 발명하기까지는 그로부터 다시 4만 년을 기다려야 했다.

현재 우리와 함께 살고 있는 상어는 4억 년 넘게 지구에서 살아 왔다. 거북이는 최소 2억 년 이상을 살았으며, 개미는 1억4천만 년에서 1억6천8백만 년 전에 나타났다. 과연 우리도 지구에서 그들만큼 오래 살 수 있을까? 지금 우리가 마주한 생태계 파괴의 상황을 고려한다며 결코 희망적이지 못하다.

사피엔스가 모든 인류 중에서 가장 오래 살아남는 종이 될 가능성은 거의 없다. 호모 에렉투스는 거의 200만 년 가까이 살았다. 현재의 우리보다 여섯 배나 더 오래 산 셈이다. 인류의 유일한 대표자라는 생각에 익숙해져서 우린 먼 형제들을 잊고 있었다. 사실 우리 호모 사피엔스는 수십만 년 동안 우리와 매우 유사한 다른 인간 종들과 함께 살았다. 10만 년 전에는 지구상에 6종 이상의 인류가 살았지만, 호모 사피엔스의 등장과 함께 이들은 하나씩 사라졌다. 그리고 우리가 홀로 남게 된 것은 겨우 수만 년 전이다. 우리 안의 우월감을 일깨우기엔 충분할지 몰라도, 오래된 지구의 나이에 비한다면 보잘것없는 시간이다.

"가까운 형제자매가 없으면 우리가 다른 동물계와는 분리된 창조의 정점이라고 상상하기 쉽다. 찰스 다윈이 호모 사피엔스가 동물의 또 다른 종에 불과하다고 설명했을 때 사람들은 펄쩍 뛰었으며, 지금도 많은 사람들이 이 말을 믿지 않는다." 유발 하라리는 『사피엔스』[6]에서 이렇게 말했다.

동물의 서열이나 인간 가족의 적장자 문제도 아닌데 우리는 무슨 근거로 인간의 우월성을 주장하는 걸까? 신체적 능력? 하지만 관찰 결과는 참담하다. 우리는 가장 빠르지도 가장 강하지도 않다. 마이크 타이슨도 벌거벗은 채로 숲속에서 곰과 맞서면 얼마 버티지 못할 것이다. 우사인 볼트가 아무리 빨라도 달리기에서 치타와는 상대가 되지 않는다. 프리다이빙 세계 챔피언 기욤 네리는 어떨까? 대단한 선수이긴 하지만, 그가 기록한 수심 126미터는 향유고래가 3천 미터가 넘는 바닷속까지 잠수하는 것에 비하면 보잘것없는 실력이다. 세계 벤치 프레스 기록 보유자인 줄리어스 매독스는 자신의 몸무게의 1.5배인 350kg을 들어 올렸지만 황소쇠똥구리(온토파구스 타우러스)는 자기 몸무게의 1,141배까지 들어 올릴 수 있다. 몸무게 70kg의 사람이 80톤의 무게를 들어 올리는 것과도 같다. 마이크 파월은 1991년 도쿄에서 열린 세계육상선수권대회에서 8.95미터로 멀리뛰기 세계 기록을 세웠다. 그러나 메뚜기는 자기 몸집의 무려 50배를 뛰어넘을 수 있다. 백세 인구가 늘어나고 있지만, 그린란드 상어가 도달할 수 있는 4백 세까지 산 사람은 아무도 없다.

요컨대 단순한 신체적 능력으로만 보자면 종의 계층에서 우리는 절대 최상위에 위치할 수 없다. 우리가 스스로 세상의 주인이라고 생각한다면 그것은 뛰어난 지능을 발달시켜 신체적 단점을 보완하는 데 성공했다고 보기 때문일 것이다. 이런 위치가 다른 피조물들을 마음대로 처분할 정당성을 부여한다고 생각하는 것이다. 하지만 실제로 우리의 지능이 다른 종보다 우월하다고 주장할 근거가 있을까?

세상에서 가장 멍청한 동물은?

동물행동학자[7]인 엠마뉘엘 푸이데바는 프랑스국립과학연구센터(CNRS)와 국립자연사박물관의 연구 책임자로 있다. 동물 행동 연구에서는 프랑스를 떠나 전 세계에서 인용되는 전문가다. "인간은 겸손이 매우 부족해요. 아무것도 모르면서 모든 것을 알고 있다고 확신하죠." 첫 번째 전화 인터뷰에서 그녀는 이렇게 말문을 열었다.

그녀는 저서 『동물 지능』[8]에서 인간이 스스로를 생물 종 계층의 최상위에 두기 위해 만든 잣대들을 처음부터 다시 검토한다. 첫 번째는 도구 사용 능력이다. 우리는 비행하는 법을 모르지만 비행기를 만들었다. 물속에서 숨을 쉴 수 없지만 잠수함을 만들었고, 사자와 맨손으로 싸울 수 없지만 소총을 개발했다. 우리는 많은 약점에도 불구하고 이렇게 여러 도구들을 사용해 다른 종을 지배할 수 있었다. 우리는 이런 도구 숙달 능력을 인간만 가졌다고 생각하지만, 이는 완전한 착각이다!

많은 동물이 도구를 사용한다. 침팬지는 돌과 나무 같은 도구를 이용해 견과류를 깨고, 작살을 이용해 사냥을 하고, 가시나무 줄기에 오를 때 발을 보호하기 위해 신발을 만들기도 한다. 꼬리감는원숭이는 돌로 무기를 만들어 전투에 사용한다. 일부 원숭이는 막대기를 사용하여 이빨과 손톱을 소재하기도 한다.

도구의 사용은 영장류에만 국한된 것이 아니다. 우리에 갇힌 라텔은 탈출하기 위해 온갖 종류의 물건을 사용한다. 사자는 발에 박힌 가시를 다른 가시를 이용하여 제거하고, 일부 맹금류는 돌을 던져 알을 깨뜨린다. 나의 상식을 깬 가장 충격적인 예는 까마귀다. 우리가 흔히 볼 수 있는 이 검은 새는 인간이 설치한 신호등을 이용해 견과류를 깨뜨린다. 어떻게 할까? 자동차가 빨간 신호에서 멈추면 일부 까마귀들이

라텔

도로에 견과류를 떨어뜨린다. 이후 신호등이 녹색으로 바뀌면 자동차가 그 위를 지나가면서 견과류를 부순다. 그러면 도로가 한산해질 때를 기다렸던 까마귀들이 날아와 견과류를 주워 먹는다. 까마귀는 장난기가 많아 뚜껑을 이용해 눈 덮인 지붕 위에서 썰매를 타기도 한다. 또 다른 새들은 도구를 사용해 '예술 작품'을 만들기도 하는데, 이 예술 작품은 종종 짝을 유혹하는 데에 사용된다.

이런 기술은 해양 생물들에게서도 찾아볼 수 있다. 예를 들어, 복어는 모래와 조개껍질을 이용해 정밀하고 화려한 기하학적 조각품을 만든다. 도구를 개발하고 사용하는 능력은 인간만의 특징이 아니다. 물론 인간의 도구가 특별히 정교하긴 하지만, 그렇다고 도구를 인류만의 특권이라고 할 수는 없다. 어떤 경우에도 이 기준은 지능을 분류하는 바른 척도가 되지 못한다. "도구를 만들거나 사용하지 않는다고 문제를 해결하지 못하거나 전략을 사용하지 못하는 건 아니며, 실험 연구에 따르면 도구를 사용하지 않는 영장류나 까마귀 종은 동일한 과제를 해결하기 위해 도구를 사용하는 다른 종에 버금가거나 더 뛰어난 추론 능력을 발휘하기도 한다"는 것이 엠마뉘엘 푸이데바의 설명이다.

동물이 도구를 사용하지 않거나 인간만큼 많이 사용하지 않는 것은 ("로켓을 만드는 동물은 없잖아!"라고 한 친구는 내게 항변하기도 했다.) 아마 도구를 필요로 하지 않기 때문일 것이다. 간단한 이유다. 그렇다면 지능이란 무엇일까? 쓸모없는 물건을 만드는 것일까, 아니면 만들지 않는 것일까? 예를 들어, 돈 많은 관광객 몇 명을 우주로 보내기 위해, 가장 빠른 속도로 숲을 밀어 버리기 위해, 전쟁을 하며 적을 쓸어 버리기 위해 엄청난 기계를 설계하는 것은 높은 지능의 증거일까?

이에 대한 엠마뉘엘 푸이데바의 대답은 명확하다. "단일한 형태의 지능이란 존재하지 않습니다. 지능은 복수형입니다. 순위를 매기거나 비교하는 것이 의미가 없어요. 저는 지능을 개인이나 종이 가진 문제를 해결하고 새로운 상황에 적응하기 위한 모든 행동들이라고 봅니다. 우리는 가장 짧은 기간에 우리가 속한 생태계를 파괴했어요. 진화의 척도로 굳이 우열을 따지자면 우리는 가장 똑똑하기보다는 가장 멍청한 동물에 가깝습니다."

그녀의 말은 거침이 없다. 그녀를 이해할 수 있을 것 같다. 기후변화와 생물 다양성의 붕괴만 보아도 그렇다. 우리는 그 원인과 결과를 잘 알고 있음에도 같은 실수를 반복하고 있지 않은가? 하나의 종으로서 우리는 새로운 상황에 적응하고 행동을 바꿀 능력이 없다. 다시 말해, 우리는 지능이 부족하다!

모든 생명은 홀로 존재한다

고릴라 탐사를 마치고 돌아온 뒤에도 여전히 흥분 상태에 있던 나는 유인원 연구에 관심을 갖게 되었다. 많은 연구서들에 사브리나 크리프라는 이름이 등장했다. 마흔아홉 살의 이 여성은 수의사이자 영장류 학자로 파리 국립자연사박물관 교수로 있다. 세계 최고의 침팬지 연구 전문가이기도 한 그녀는 우간다 키발레 국립공원 등의 자연환경 속에서 침팬지 연구를 계속하고 있다. 사브리나 크리프는 수년간의 연구 끝에 영장류에 녹아들었고, 2019년에는 『침팬지, 숲속의 형제들』[9]이라는 주목할 만한 책을 내기도 했다. 침팬지가 고릴라보다 우리와 가깝다는 걸 감안하면 이 제목은 과장이라 할 수 없다.

"공부하면 할수록 인간의 지능으로 다른 동물의 지능을 이해하는 것이 불가능에 가깝다는 사실을 깨닫습니다. 이런 사실 앞에, 특히 우리 서양인들은 겸손해질 필요가 있습니다. 동물들에게 없다거나 다른 동물보다 우위에 있다고 생각하는 능력이 실은 인간만의 것이 아니기 때문이죠. 전공 공부를 하면서 이 사실을 깨달았습니다. 저는 침팬지의 자가치료법을 연구하면서 원숭이와 인간이 동시에 약제로 쓰는 식물들을 조사해 보았어요. 실제로 그런 것이 있으며, 지역 원주민들과 동물 간에 큰 차이가 없다는 것을 알게 되었습니다. 지역 주민들은 침팬지들의 자가 치유법을 유심히 지켜봅니다. 예를 들어 치통을 치료하기 위해 원주민들은 침팬지가 먹고 남은 음식을 수거해요. 왜냐면 어떤 식물을 씹으면 통증이 줄어드는지 원숭이들이 잘 알고 있다고 믿기 때문이죠. 이 지역 주민들에게 침팬지를 흉내 내는 건 침팬지나 인간을 비하하거나 놀리는 행동이 아니예요. 도구도 마찬가지이죠. 처음에 저는 꿀을 따기 위해 막대기를 사용하는 영장류를 보고 놀랐습니다. 그러나 우간다 사람인 제 조수들은 전혀 놀라지 않았어요! 우월한 인간 콤플렉스를 가지고 자연과 단절된 채 살아온 저 같은 사람이나 동물의 인지능력에 놀라게 되는 거죠!"

자연과 단절된 삶은 다른 생명체들도 개체로 존재한다는 사실을 잊도록 만든다. 인간과 마찬가지로 각각의 동물 개체들도 유일하며 개성을 지녔다. 즉, 그들 또한 다른 무엇으로도 대체될 수 없는 유일무이한 존재들이다. 고양이나 개를 키우는 사람들은 이런 사실을 알고 있지만, 이는 인간과 아주 먼 종을 포함한 모든 생물들에 해당하는 이야기다.

최근 나는 한 지역 신문 기사에서 다음과 같은 제목을 보고 충격을 받았다. "랑드 주에서 6톤의 물고기 화재로 폐사". 양어장에서 발생한 화재로 수조 산소 공급 펌프가 작동을 멈추는 바람에 물고기들이 질식사했다는 기사인데, 이 제목이 많은 것을 말해주고 있었다. "6톤의 물고기"가 죽었다. 1만 마리나 5만 마리도 아니고 "6톤"이다! 동물들의 개체성은 지워지고 무게로 계산되고 있다. 하지만 물고기들도 침팬지나 말이나 인간처럼 각자 고유한 개성을 지니고 있다. "생물 다양성은 단지 종들의 모듬이 아니라 개체들 사이의 상호 네트워크입니다." 사브리나 크리프는 강조한다.

이타적인 동물들

또 하나 우리에게 널리 퍼진 생각은, 인간만이 본능을 지배할 줄 알기에 동물의 상태에서 벗어날 수 있었다는 것이다. 인간은 먹고, 자고, 위협으로부터 도망치고, 번식하는 등의 기본적인 욕구에 따라 행동하지 않고 도덕적 기준에 따라 선과 악, 공정과 불공정을 구분할 줄 안다. 반면에 다른 동물들은 순전히 본능에 따라 아무 생각 없이 반사적으로 행동한다. 이런 생각은 우리가 흔히 쓰는 표현에서도 찾아볼 수 있다. 예의범절을 지키지 않고 허겁지겁 음식을 먹을 때 우리는 "동물처럼" 먹는다고 말한다. 분노를 조절하지 못해 주먹을 휘두를 때에도 "동물처럼" 행동한다고 말한다. 여기서 "동물처럼"은 자제력, 반성, 배려의 부족을 뜻한다. 이에 따르면 우리는 '이타주의'나 '공감' 같은 '마음의 지능'을 자랑하는 유일한 존재다.

하지만 동물행동학은 이와 반대되는 사실을 말해주고 있다. 동물들 또한 개체의 이익이 없어도 집단의 공동 이익이나 다른 개체의 이익을 위해 행동할 줄 안다. 사브리나 크리프는 내게 고아가 된 두 어린 침팬지 카징가와 이빈도를 데려다 키운 청년 침팬지 알베르의 이야기를 들려주었다. 카징가는 덫에 걸려 다리를 다쳤고, 이빈도는 겨우 세 살이었을 때 어미를 잃었다. "혼자서는 살아남을 수 없었을 거예요. 그런데 알베르가 그들의 보호자가 되어 주었어요. 카징가가 부상에서 회복하는 데 오랜 시간이 걸렸음에도 알베르는 인내심을 가지고 기다렸죠. 그리고 알베르는 두 새끼 침팬지들에게 열매를 따먹기 좋은 나무를 알려주었어요. 8년이 지난 지금, 알베르는 성인 수컷이 되었지만 여전히 이빈도, 카징가와 함께 살고 있습니다. 이도 잡아주고, 갈등이 생기면 중재도 해 줍니다. 이빈도는 다른 침팬치들보다 훨씬 작고 카징가는 심각한 장애를 가지고 있지만 알베르 덕분에 공동체에 잘 적응하고 있습니다." 이 침팬지는 선의를 베풀 줄 알았던 것이다. 코끼리 집단에서도 강이나 늪에 갇혀 어려움에 처한 어린 새끼를 어른들이 힘을 합쳐 도와주는 장면을 흔히 목격할 수 있다.

흡혈박쥐는 동료 박쥐 중 한 마리가 먹이를 얻지 못하면 삼킨 것의 일부를 토해내 동료들에게 먹이고 몽구스는 포식자에게

흡혈박쥐

몽구스

33

잡힌 동료를 구출하기 위해 구조 작전을 펼치기도 한다. 연구자에 따르면 이런 협력과 이타심에는 '상대의 목표와 관심사에 대한 이해'가 필수적이며, 이를 위해선 자의식이나 식별력 등 높은 수준의 지적 능력이 필요하다. 상대방의 감정에 동일시할 수 없으면 공감 능력도 없다.

동물들의 시공간 지각 능력

인간이 지능의 챔피언이라는 타이틀을 따내기 위해 들이대는 또 다른 척도는 시공간을 지각하는 능력이다. 지도나 위성 같은 위치확인 기술로 주변 환경을 표시하고 과거, 현재, 미래의 시간 개념을 가질 수 있는 건 인간뿐이라고들 말한다. 그러나 엠마뉘엘 푸이데바의 말에 따르면 다른 동물들도 거리와 장소를 잘 기억한다. 동물도 거리를 예측하고, 방향을 잡고, 여정을 계획할 수 있다는 것이다.

그녀는 하루 전에 이동 계획을 미리 세우고 다른 개체들에게 자신의 여정을 알려주는 수컷 오랑우탄을 예로 든다. 이 영장류가 방향을 알고 거리를 측정할 수 있다는 것은 곧 공간 속의 자기 위치를 계산하고 식별할 수 있다는 뜻이다. 일부 새들은 수백 개의 장소에 먹이를 숨겨두었다가 몇 달 뒤에 찾아와 먹기도 한다. "새들은 기억과 미래 예측에서 놀라운 능력을 발휘합니다. 연구자들은 사하라 사막에 사는 개미가 걸음 수를 셀 수 있으며 서식지로 돌아가기 위한 궤도를 계산하고 지름길까지 찾을 수 있는 일종의 내장형 GPS를 가지고 있다는 사실을 알아냈습니다."

2021년 학술지 〈커렌트 바이올로지Current Biology〉에 실린 해양학 논문에 따르면 귀상어는 길을 찾기 위해 지구의 자기장을 읽는 능력이 있다고 한다. 즉, 호모 사피엔스가 시간과 공간의 개념을 숙지할 수 있는 유일한 존재는 전혀 아니라는 얘기다.

동물들의 대화법

인간이 자신을 종 계층의 최상위에 있다고 주장하기 위한 마지막 카드는 음절언어의 사용이다. 우리가 아는 한 인간이 사용하는 것과 같은 언어는 동물의 세계에는 없다. 이 언어 덕분에 우리는 생각을 정확하게 표현할 수 있다. 우리는 언어를 통해 과거의 좋았던 시간을 회상할 수 있으며, 지구 반대편에서 일어난 일에 대해 의견을 나눌 수도 있다. 인간의 언어 능력은 인간의 복잡한 사회 조직과 맞물려 필요할 때 서로 협력할 수 있게 만든다. 인간은 혼자서 생존할 수 없다. 사냥, 농사, 도시 건설, 자연 정복, 개간 등 마주한 과제들을 해결할 수 있었던 것은 서로의 임무와 역할을 분담했기 때문이다. 호모 사피엔스는 가족이나 지역 구성원들끼리 협력할 뿐만 아니라, 서로 모르는 수백만 명의 개인이 모여 거대한 프로젝트를 완수할 수도 있다. 물질적,

생물학적 현실에 기반하지 않은 허구와 신념을 공유하는 의사소통 능력 덕분에 우리는 낯선 사람들과도 신뢰 관계를 형성할 수 있다.

유발 하라리는 "현대 국가, 중세 교회, 고대 도시, 고대 부족 등 모든 대규모 인간 협력은 집단적 상상력 안에만 존재하는 공통의 신화에 뿌리를 두고 있다"[10]고 말한다. 예를 들어 "서로 본 적이 없는 두 명의 가톨릭 신자가 함께 십자군 원정을 떠나거나 병원 건립을 위한 모금에 동참할 수 있는 건 인간의 몸으로 태어난 신이 우리의 죄를 사하여 주기 위해 십자가에 못 박혔다는 믿음이 있기 때문이다. 한 번도 본 적 없는 두 명의 세르비아인이 서로를 위해 목숨을 바치는 것은 둘 다 세르비아 민족, 세르비아 동포, 세르비아 국기의 존재를 믿기 때문이다. 한 번도 만난 적이 없는 두 변호사가 힘을 합쳐 낯선 사람을 변호하는 것은 두 사람 모두 법과 정의, 인권 그리고 그들이 받는 수임료의 존재를 믿기 때문이다. 하지만 이것은 모두 사람이 만들어낸 허구일 뿐 실제로 존재하는 것은 없다."[11]

상상으로 현실을 나타내는 이런 능력은 우리가 세상을 정복할 수 있게 해 주었지만, 동시에 세상을 파괴하도록 이끌어주기도 했다. 이렇게 숲보다 경제 성장을, 바다보다 국가 이익을, 동물보다 종교적 신념을 중요시하는 우리는 존재하는 것보다 허구를 우선으로 생각한다. "시간이 지남에 따라 상상의 현실은 더욱 강력해져서 오늘날엔 강, 나무, 사자의 생존이 전능하신 신이나 미국, 구글 같은 상상의 존재에게 지배를 받는 지경에 이르렀다"[12]고 유발 하라리는 말한다.

다른 종들이 자신만의 능력을 발달시켰듯이 인간의 언어는 진화 과정에서 발달시킨 인간만의 특별한 무기기이다. 그런데 다른 종에서 비슷한 의사소통 방식을 발견하지 못했다는 이유만으로 우리는 인간의 언어를 우월한 지능의 징표로 받아들일 수 있을까? 여러분이 반려동물을 키우고 있다면 특정 신호나 행동만으로도 동물의 감정 상태를 파악할 수 있을 것이다. 또한 여러분은 그 반대도 성립함을 잘 알고 있을 것이다. 소리를 지르거나 막대기를 휘두르면 대부분의 개들은 주인이 화가 났다는 걸 이해하고 그에 맞는 반응을 한다. 한데, 우리는 그들이 인간의 말을 할 수 있을 만큼 똑똑하지 못하다고 간주하며, 네발 달린 친구들과 진지하게 토론할 수 없는 책임을 그들에게 떠넘긴다. 하지만 우리는 개의 말을 할 수 있는가? 동물들끼리 주고받는 말과 우리에게 하려는 말을 정확하게 이해할 수 있는가? 물론 아니다.

16세기의 철학자 미셸 드 몽테뉴는 『수상록』에서 이렇게 썼다. "그들과 우리 사이에 놓인 소통의 벽은 누구 책임인가? 그들이 우리를 이해하지 못하는 것은 누구의 잘못인가? 그들이 우리를 이해하지 못하는 것처럼 우리도 그들을 이해하지 못한다.

따라서 우리가 그러듯 동물도 인간에게 지능이 없다고 생각할 수 있다."

진화론의 창시자인 다윈도 1871년에 출간된 『인간의 유래와 성 선택』에서 우리와 같은 형태의 언어를 사용하지는 않아도 동물들이 말을 할 수 있다고 주장했다. : "인간만이 마음속에서 일어나는 것을 표현하기 위해 언어를 사용하고 동료의 말을 알아들을 수 있는 유일한 동물은 아니다"

동물의 의사소통 연구는 매우 흥미로운 분야로, 그에 대한 지식도 계속 발전하고 있다. 생테티엔대학교의 니콜라 마테봉은 생물음향학 전문가로 불린다. 프랑스국립과학연구센터에 생물음양학 전문 팀을 개설했고 2021년에는 『들어라, 동물들은 말한다』[13]라는 책을 쓰기도 했다. 이 책 앞머리에 그는 이렇게 쓰고 있다. "더는 우리 인간과 다른 동물을 비교해선 안 된다. 각각의 종은 고유한 생물학적, 생태적, 사회적, 문화적 특성을 가지고 고유한 세계를 이루며 살아간다. 소리로 전달하는 소통 시스템은 다양하며 모두가 관심 가질 가치가 있다. 왜냐면 각각이 모두 생물 다양성을 증언하기 때문이다."

아직도 많은 사람들이 동물들은 '아프다', '무섭다', '배고프다' 등 그때그때의 감정을 반사적인 소리로 내뱉을 뿐이라고 말한다. 하지만 우리 인간도 이런 소리를 내는 건 마찬가지다. 우리도 두려움, 기쁨, 고통 앞에 비명을 지르지 않는가? 그러나 동물의 언어도 우리와 마찬가지로 매우 정교하다. 니콜라 마테봉은 종마다 가진 고유한 의사소통 방식을 모두 '언어'로 보아야 한다고 말한다. "소리를 사용하여 정보를 교환하는 언어는 동물의 수만큼 많다"는 것이 그의 주장이다. "복잡한 정도는 다를지 몰라도, 다른 동물들의 언어도 인간의 언어와 매우 유사한 일반 규칙을 가지고 있다."

한 예로 정보 압축의 규칙을 들 수 있다. 하고 싶은 말이 많을수록 신호의 길이는 짧아진다. 여러분이 지금 읽고 있는 텍스트를 보라. 가장 짧은 문장에서보다 가장 긴 문장에서 단어들의 평균 길이는 짧다. 다른 동물들도 마찬가지다. "케이프펭귄에게서 이런 현상을 관찰할 수 있어요. 음절의 길이는 반복되는 횟수와 반비례합니다. 정보의 압축은 인간, 비인간을

케이프펭귄

떠나 모든 언어가 지니는 보편적인 법칙인 것 같습니다." 이것이 니콜라 마테봉의 설명이다.

또 다른 규칙은 상호성이다. 상대방이 말할 때 나는 조용히 들어주어야 한다. 이 규칙이 지켜지지 않으면 대화나 토론에서 서로의 말을 하나도 알아들을 수 없다. 찌르레기와 보노보, 코

끼리, 미어캣에 이르기까지 이런 규칙은 여러 종에서 발견된다.

니콜라의 연구는 모든 동물이 인간처럼 고유한 발성 특징을 가지고 있다는 것도 보여준다. 우리의 목소리는 독특해서 정체성의 일부를 이룬다. 눈을 감고 있으면 수천 명 중에서 어머니나 친한 친구, 자녀의 목소리를 알아들을 수 있다. 하지만 산책을 할 때 우리는 보통 '새소리'만을 들을 뿐이다. 잘 훈련된 귀라야 찌르레기, 독수리 또는 박새의 노래를 구별할 수 있다. 하지만 한 찌르레기와 다른 찌르레기의 노래를 구별할 수 있는 사람은 생물음향학 연구자를 비롯한 몇몇을 빼면 거의 없다.

니콜라의 연구팀은 남극의 킹펭귄 서식지를 연구하는 동안 놀라운 사실을 발견했다. 주변의 소음 속에서 짝과 부모가 서로 찾을 수 있도록 펭귄들 사이에 통용되는 일종의 에티켓이 있다는 것이다. 펭귄 한 마리가 소리를 내기 시작하면 반경 7미터 이내의 모든 이웃들은 방해가 되지 않도록 입을 다물어 준다. 군중 속에서 가족의 목소리를 식별해야 서로를 찾을 수 있기 때문이다. "킹펭귄의 노래는 나팔 소리처럼 울려 퍼집니다. 주파수가 여러 번 급상승했다가 하강하죠. 저마다 고유한 리듬과 속도가 있습니다. 주파수가 조금만 변조돼도 짝이나 부모의 신호는 낯선 목소리가 됩니다." 니콜라의 해설이다.

동물들도 언어를 사용해 협상을 한다. 가면올빼미가 그런 예에 해당한다. "어미 올빼미가 둥지로 돌아오면서 작은 설치류 먹

가면올빼미

이 하나만을 가져 올 때가 있어요. 이 작은 먹이를 새끼들은 나눌 수 없으며, 협상에서 이긴 새끼 올빼미 한 마리만 삼킬 수 있습니다. […] 무슨 뜻이냐고요? 부모가 없으면 특히 배가 많이 고픈 새끼가 오래도록 크게 울음소리를 냅니다. 이렇게 하면 배가 덜 고픈 형제자매들은 부모가 도착할 때쯤 입을 다물게 되죠. 처음에는 모두 애타게 울지만 협상이 진행되면서 일부 새끼는 게임에서 물러나고 배고픈 새끼만 점점 과장된 울음소리를 내게 됩니다. 올빼미들을 위한 일종의 포커 테이블이라 할 수 있다."

니콜라의 연구 이야기는 몇 시간을 계속해도 지루하지 않을 만큼 흥미롭다. 아직 알에서 깨어나지 않은 새끼와 대화하는 오스트레일리아 새 일룩말핀치의 이야기도 빼놓을 수 없다. 어미새는 울음소리를 통해 새끼에게 바깥의 기후를 알려주는데, 가뭄이 너무 심하면 특별한 소리를 내어 이를 알려준다. 그 결과, 놀랍게도 배아의 성장이 느려지게 되는데, 이렇게 새끼는 다른 때보다 작게 태어남으로써 생존이 쉬워진다. 먹이가 부족할 때엔 작은 몸집으로 적게 먹는 것이 유리하기 때문이다.

인간과 동물의 협업

동물들이 서로 대화를 나누는 것은 자연스러운 현상이다. 여기 더해 마테봉은 더욱 놀라운 사실을 알려준다. 동물과 인간이 공조를 주고받은 사례가 여러 문건에서 발견된다는 것이다. 아프리카 모잠비크에는 큰꿀잡이새가 살고 있다. 이 새는 벌들이 벌집을 위해 만들어놓은 밀랍을 좋아하지만 안타깝게도 벌집에 접근하는 것은 쉽지 않다. 밀랍은 보통 나무 구멍에 숨겨져 있고 꿀벌들이 새가 가까이 오는 것을 허용하지 않기 때문이다. 혼자서 아무것도 할 수 없음을 깨달은 큰꿀잡이새는 협력할 인간을 찾는다. 한편, 모잠비크의 한 마을 주민들은 자연 꿀을 채취하기 위해 벌집을 찾아다닌다. 인간은 벌에 쏘이지 않고 나무에 달린 벌집을 따내는 기술을 가지고 있다. 반면에 큰꿀잡이새는 꿀 사냥꾼보다 훨씬 쉽게 벌집을 찾아낼 수 있다. 이러한 상호 보완적인 기술 덕택에 멋진 협업 기술이 탄생한다.

마테봉에 따르면 이 영리한 새는 인간을 자신이 원하는 곳으로 이끄는 습성이 있다. "어떻게 하느냐고요? 새는 시끄럽게 울면서 나무와 나무 사이를 날아다닙니다. 그리고는 사람들이 알고 찾아올 때까지 참을성 있게 기다리죠. 마침내 목적지에 도착한 사냥꾼들은 방호복을 입고 도구를 갖춰 벌집의 꿀을 채취

합니다. 그리곤 밀랍판을 새
가 먹을 수 있도록 잘 보이는
곳에 놓아두죠. 모잠비크의
꿀 사냥꾼들은 큰꿀잡이새를
유인하는 독특한 울음소리를
냅니다. […] 이 새는 다른 소

큰꿀잡이새

리에는 전혀 반응하지 않아요. 사냥꾼들은 이 은밀한 소리가 아
버지가 자신들에게 가르쳐 준 것이라고 말합니다." 인간과 새는
이렇게 대대로 전해져 내려온 공통의 언어로 대화한다. 이런 능
력은 인간과 동물이 함께하는 지역 문화로도 볼 수 있다. 호모
사피엔스만 문화를 누리는 능력을 가진 건 아니다.

동물들의 문화생활

같은 종 안에서도 집단마다 다른 특성을 가지는 건 인간만의
경우가 아니다. 사브리나 크리프는 침팬지들 사이에도 인간만큼
다양한 사회적 특성이 존재한다고 말한다. "같은 자원을 가진
이웃의 집단이라도 도구나 식물을 다르게 활용하기도 합니다.
암컷 개체들이 가임기에 이르러 집단을 옮기게 되면 모르는 개
체들과 다시 사회관계를 맺게 되죠. 그런데 여기에는 새로운 문
화에 적응하고 새 집단만의 사회 규범과 기술을 익히는 것도 포
함되어 있습니다."

혹등고래

문화는 고래류에서도 발견된다. 예를 들어 혹등고래는 사투리 억양을 지니고 있다! 니콜라 마테봉에 따르면, 같은 지역의 수컷들은 같은 시기에 같은 노래를 부르는데, 방언처럼 지역마다 억양이 다르다. 이 생물 음향학자는 오스트레일리아 동해안에서 발견된 두 마리 혹등고래의 이야기를 들려주었다. 연구자들은 이 두 수컷 고래가 서부 쪽 사투리를 쓴다는 사실을 알아냈다. 그런데 1년 뒤에 놀랍게도 같은 장소(동해안)에서 녹음한 112마리의 수컷 고래들 대부분이 서부 쪽의 억양으로 후렴구를 부르고 있었다. "서부의 한 고래가 남극에서 돌아오는 도중에 길을 잘못 들어 동쪽에 새로운 인기곡을 가져온 거죠. 아마 동쪽의 고래들에게는 이 후렴구가 귀에 더 잘 들어왔던 모양이에요. 일종의 '문화 혁명'이라고 할 수 있죠!"

범고래에게도 대대로 내려오는 고유한 지역 방언이 있다. 이 슈퍼 포식자는 다양한 요리 문화도 가지고 있다. 모든 범고래가 같은 음식을 먹는 게 아니다. 어떤 무리는 연어를 주로 먹고, 어떤 무리는 바다사자와 같은 해양 포유류를 선호하고, 다른 무리는 상어를 특히 좋아한다. 이따금 같은 지역을 항해하는 범고래들이 같은 곳에서 다른 먹이를 선택하기도 한다.

이런 연구와 관찰 결과
는 밝혀진 동물 지능의
극히 일부분에 지나지 않
는다는 사실을 명심해야
한다. 우리는 동물들이
먹이의 위치 같은 유용한

범고래

정보를 교환하고, 사냥하거나 도망치기 위해 손을 잡고, 상대를
설득하거나 협상하기 위해 말을 사용하고, 심지어 같은 종 내에
서 독특한 다른 문화를 발전시킨다는 것을 알고 있다. 하지만
그 너머의 세계에서 그들이 어떤 생각을 생각하고 어떤 대화를
나누는지는 알 수 없다. 그들도 우리처럼 추상적인 주제나 사회
문제, 심지어 삶의 의미에 대해서도 이야기할까? 대답은 쉽지
않다. 왜냐면 이 질문에 답하려면 인간 지능의 한계를 넘어서야
만 하기 때문이다. 틀림없이 인류는 뛰어난 인지 능력을 발달시
켰고, 우리의 사회관계 시스템은 지금까지 관찰된 어떤 것보다
도 복잡하다. 덕분에 인류는 지구를 지배하고 거의 모든 환경
을 정복할 수 있었다. 하지만 진화의 시간 속에서 우리는 이제
아주 짧은 한순간을 지나고 있을 뿐이다.

고통을 느끼는 존재들

그리스 철학자 소크라테스는 기원전 5세기에 인간을 동물들과 다른 존재로 보는 '자아도취'에 대해 비판했다. 고대에 살던 그는 이미 인간이 만물의 척도가 될 수 없음을 경고했다. 그로부터 25세기가 지난 지금, 니콜라 마테봉도 그의 생각에 동의한다. 동물 행동을 연구하는 대부분의 과학자들처럼 그도 겸손함과 신중함을 강조한다. "외부 관찰자의 눈으로 동물의 언어를 연구하는 것은 쉽지 않습니다. 다른 동물들이 무얼 생각하고 무얼 말하는지 해석할 능력이 없기 때문입니다. 따라서 다른 동물들의 언어가 얼마나 정교한지 이야기하려면 신중할 필요가 있습니다." 그는 소리 언어를 사용하지 않는 꿀벌의 예를 들려준다. 인간의 기준으로 보면 벌의 언어는 결함투성이다.

1973년 노벨 생리의학상은 꿀벌이 방금 발견한 새로운 꽃의 위치를 동료들에게 알리는 독특한 의사소통 시스템인 '꿀벌 춤'을 발견한 카를 폰 프리슈에게 돌아갔다. 벌들은 매우 정밀한 움직임을 통해 꽃의 방향을 알려준다. "하지만 이게 다가 아니에요. 곤충의 몸과 날개의 진동 주파수는 꽃이 제공할 먹이의 양에 대한 정보도 알려줍니다. 진동을 통해 충분히 쇼핑을 나갈 가치가 있다는 신호를 보내주는 거죠!" 이를 두고 인간의 언어보다 뛰어나다고 해야 할까, 아니면 못하다고 해야 할까? 그런 판단의 기준은 무엇일까? 아니! 그보다도 둘 사이에 굳이 우열을 가릴 필요가 있을까? 사브리나 크리프도 우간다 숲에서 느꼈던 한계에 대해 고백한다. "눈을 뜨면 침팬지가 아닌 인간이 되어 있는 거예요. 저는 인간의 안경을 통해 세상을 읽을 뿐, 인간 외의 영장류가 지닌 복잡한 사고를 그들의 위치에서 파악할 수는 없어요."

자의식과 거울 테스트

연구자들은 동물이 자의식을 가지고 있는지 알아보기 위해 유명한 거울 테스트를 개발했다. 간단히 말하면, 동물의 머리에 색깔 표시를 하고 거울 앞에 놓았을 때 동물의 행동이 어떤지 관찰하는 방법이다. 동물이 머리를 만지는 등 표식에 반응하면 거울에 비친 것이 자신인 것을 알며, 따라서 자의식을 가지고 있다는 결론을 내릴 수 있다. 이 테스트를 통과한 동물 중에는 큰돌고래, 침팬지, 아시아코끼리, 돼지, 쥐가오리, 까치 그리고 생후 18개월 된 인간 아이가 있다. 하지만 엠마뉘엘 푸이데바에 따르면 여기서도 우린 인간 중심주의의 오류에 빠져 있다.[14] "이 거울 테스트에서 우리가 한 가지 잊은 게 있습니다. 많은 동물 종들의 주된 감각이 시각이 아니라 후각, 청각 등의 다른 감각이라는 것이지요. 저는 이 테스트에 결함이 있다고 생각합니다. 예를 들어, 개는 이 테스트를 통과하지 못해요. 하지만 냄새를 기반으로 테스트를 실시한다면 틀림없이 쉽게 통과할 수 있을 겁니다."

우리는 다른 종보다 우월하지 않고 단지 다를 뿐이다. 모든 동물이 그렇듯이 여러 차이, 즉 강점과 약점이 우리를 특별하게 만든다. 종과 상관없이 각 개체는 자신과 동료의 생존을 우선시한다. 따라서 인간이 다른 동물들보다 인간의 이해관계를 우선시하는 것은 당연하다. 하지만 우리 지능을 다른 동물의 지능과 비교하여 순위의 맨 꼭대기에 올려놓는 것은 무모한 짓이다. 왜냐면 우리의 지능으로 다른 지능들의 복잡성을 이해하는 것은 불가능하기 때문이다. 우리는 다른 동물들이 무엇을 생각하고 무슨 이야기를 나누는지 알 수 없다. 어떻게 아무것도 모르면서 우리가 다른 동물보다 우월하다고 결론을 내릴 수 있단 말인가? 여기서 그치지 않고 인간들은 이런 우월성 때문에 다른 존재들을 마음대로 다룰 권한이 있다고 판단한다. 그 결과는 다른 존재들에 대한 무자비한 착취, 폭력, 부당행위, 잔인성 등으로 나타난다.

영국의 철학자 제레미 벤담은 1780년, 자신의 책 『도덕과 입법의 원리 서설』에 당시로선 혁신적인, 다음과 같은 글을 남겼다. "나머지 피조물들이 폭정의 손길을 벗어나 결코 거부할 수 없는 권리를 획득할 날이 올지도 모른다. 프랑스인들은 이미 피부가 검다는 것이 인간 이하의 취급을 당할 이유가 되지 못한다는 사실을 발견하지 않았는가? 언젠가 다리의 수, 피부 털의 유무 또는 엉치뼈의 모양 등이 감각을 지닌 다른 존재들을 함부로 대할 이유가 되지 못한다는 것을 인정하게 될 날이 올 것이다. 그렇다면 인간과 다른 동물을 가르는 넘지 못할 기준은 무엇일까? 이성적 능력? 또는 말하는 능력? 하지만 다 자란 말이나 개 등의 동물은 하루나 일주일 또는 한 달 된 어린아이보다 훨씬 이성적이고 많은 말을 한다. 그러면 또 무슨 차이가 있을까? 문제는 그들이 추론할 수 있느냐도, 말을 할 수 있느냐도 아닌, '고통을 느낄 수 있느냐'이다."[15]

240여 년이 지난 지금 마침내 그의 말이 우리 마음에 울려 퍼지길 바란다.

2

동물 농장에서

"초원에서 풀을 뜯는 소는 평화로운 삶을 즐기고 있는 것처럼 보인다. 산책길에서 마주치는 양이나 할머니 댁 마당에서 노니는 암탉들도 마찬가지다. 하지만 이런 행운을 누리는 동물은 사육 동물 중 극히 일부뿐이다. 대다수의 동물들은 우리 눈에 띄지 않는다. 가끔 고속도로에서 마주치는 트럭에 실려 도축장으로 갈 때를 제외하곤 절대 건물 밖으로 나올 수 없기 때문이다."

농장에 도착한 뒤로 그의 얼굴에는 웃음이 떠나지 않았다. 그는 낯선 동물들을 어린아이처럼 즐거운 눈빛으로 바라본다. 돼지 한 마리와 마주치자마자 그는 무릎을 꿇고 쓰다듬는다. 대부분의 동물들은 인간이 호의를 가지고 쓰다듬어 주면 계속해 달라고 옆으로 눕는다. 그러면 그는 더 힘껏 긁어주고, 돼지는 만족스러운 듯 코를 킁킁거린다. "저 좋아하는 것 좀 보세요! 개랑 똑같다니까요." 프랑스에서 오래 살았음에도 여전히 강한 스페인 억양으로 그가 말한다. 마우리시오가 그렇게 행복해하는 모습은 본 적이 없다.

　3년 전 처음 만났을 때 그는 삶의 고단함에 지친 얼굴이었다. 비쩍 마르고 큰 키에 예민한 성격을 지닌 그는 하루하루의 공포에 대해 끝없이 얘기했다. 축산업이 소비자에게 숨기고 있는 것들, 우리가 못 보고 모르는 척 외면하는 것들에 대해……. 모리시오는 참여자이자 피해자였다. 그는 리모주의 시립 도축장에서 6년 동안 일했다. 6년이란 긴 세월은 육체적으로나 정신적으로 그를 망가뜨렸다. 모든 냄새와 소음과 세세한 것들을 그는 기억하고 있었다. "가장 힘든 건 아침에 출근해서 죽음을 기다리는 동물들과 마주하는 일이었습니다. 동물들은 벌써 나쁜 일이 닥치리라는 걸 알고 있어요. 눈빛에 그게 보였어요. 그들은 벌써 겁에 질려 있죠." 마우리시오가 잠시 말을 멈추고 햇볕을 쬐고 있는 돼지들을 바라본다. "이렇게 고통받지 않는 아이들이 있다는 걸 여기 와서 알게 되어 얼마나 기쁜지 모릅니다."

쿵쿵이 피난처

여기는 '쿵쿵이 피난처'. 프랑스 사르트 주의 시골에 위치한 이곳은 도축장과 축산 농장에서 구조된 동물들의 쉼터이다. 암소와 황소, 말, 염소, 닭, 그리고 무엇보다도 많은 돼지들이 있다. 그중에는 축산 농장에서 태어난 지 며칠 안 돼 구조된 어린 암컷 라벤더도 있고 눈병으로 실명한 커다란 어미 돼지 날라도 있다. 자원봉사자들이 사육장에서 구출하지 않았으면 날라는 틀림없이 도축장에서 죽음을 맞았을 것이다. 그리고 농장 사육자들이 차마 도살장으로 보내지 못하고 데려온 귀여운 돼지 혜스

턴도 있다.

쿵쿵이 피난처에서는 개인들이 기부한 돈으로 동물들에게 먹이를 주고 보살펴 준다. 이곳에서 동물들은 진흙탕, 신선한 채소, 푸른 초원에 둘러싸여 평화로운 나날을 보낸다. 마우리시오에게도 이곳은 휴양소와 같다. "도축장에서는 펜치로 돼지를 감전시킨 다음 여기에 칼을 꽂았어요." 그가 설명하며 반쯤 잠든 돼지의 경정맥을 손가락으로 누른다. 갑자기 민감한 부위를 건드리자 돼지는 궁금한 듯 고개를 돌린다. 문제는 기절이 늘 성공하는 것이 아니라서 많은 동물이 의식이 있는 상태에서 도살된다는 점이다. 도축장의 현실은 이렇게 동물들에게 큰 고통이며 그곳에서 일하는 사람들에게도 마찬가지다.

도축장에서 어떤 일이 일어나는지 여기서 굳이 다 설명하지 않겠다. 많은 분들이 이와 관련된 동영상을 보았을 터이고, 나도 이미 이전 책 『나는 어떻게 동물을 먹는 것을 그만두었나』[16]에서 동물 도살에 대해 자세히 설명한 바 있다. 안타깝게도 그 뒤로 변한 건 하나도 없다. 분명한 사실은 도살장이 어찌 됐든 죽음과 고통의 장소라는 것이다. 쇠사슬에 묶인 생명을 죽이는 일이 평안과 존중 속에서 이루어질 수는 없기 때문이다. 움직이지 못하게 묶은 뒤 두개골에 구멍을 뚫거나 전기 충격으로 기절시키고, 최선의 경우 의식을 잃었을 때 동맥을 절단하는 것이 도살의 방법이다. 내가 여기서 이야기하고 싶은 것은 의도적이든 아니든 헛점투성이인 도살 규정에 관한 것이다. 프랑스에서는 종교적 신념을 이유로 수백만 마리의 동물이 사전 기절 없이 죽임을 당한다. 어떤 동물은 시간에 쫓긴 직원들의 구타나 전기 충격에 시달리게 되며, 죽기 전에 의식을 회복하는 일도 허다하다.

토마는 이런 사실을 잘 알고 있다. 현재 그는 한 동물보호협회의 조사관으로 일하지만, 전에는 비가르 도축장의 수의학서비스 부서 직원이었다. 비가르 그룹은 유럽을 대표하는 소고기 생산업체로 프랑스 시중에 유통되는 햄버그스테이크의 70% 이상을 생산한다. 토마는 4개월 동안 직장생활을 하면서 동물들이 겪는 엄청난 고통과 불법행위들을 지켜보았다.

"동물 복지 관련 교육이나 기술 습득도 없이 일을 시작했어요. 면접 때 도살장 수의사가 피와 칼이 무섭지 않냐고 물어본 게 전부입니다. 일주일이 지나자 저는 규율에서 완전히 자유로워졌어요. 원칙상으론 모든 동물의 도축을 감시하게 되어 있지만, 실제로는 하루 도살되는 500마리 중 5~10마리 정도만 확인했습니다. 제 상사는 일손이 부족해서 전부 확인하는 것은 불가능하다고 못박았죠. 그런데도 목이 베인 소가 의식을 되찾는 등의 문제 장면들을 자주 목격해야 했어요. 목을 잘린 채로 깨어난 소는 사지가 허공에 매달려 발버둥을 칩니다. 보통 이런 일이 생기면 작업자는 최대한 빨리 동물을 기절시켜야 하지만 실제는 그렇지 못했죠. 또, 규정에는 동물의 스트레스를 줄이기 위해 살아있는 동물이 죽은 동물을 보지 못하게 되어 있는데, 이 규정도 지켜지지 않았어요. 종교적 의식이 치러지는 동안 도살을 앞둔 소들은 이미 피를 떨어뜨리며 매달려 있는 소들을 보게 됩니다."

감시카메라 뒤의 진실

프랑스에서는 매일 3백만 마리의 동물이 식용으로 도축되고 있다. 1분당 2천 마리가 도살되는 꼴인데, 여기에 물고기는 계산되지 않는다. 전에 있던 도축장에서 마우리시오와 동료들은 소 한 마리에 1분씩 작업을 했다. 소를 우리로 밀어 넣는 데 1분, 기절시키는 데 1분, 매다는 데 1분, 목을 베는 데 1분… 이런 조건에서 도축장 노동자들이 동물을 존중하는 태도를 가질 수 없는 건 당연하다.

세계의 도축 실태

세계적으로는 매년 약 800억 마리의 동물들이 육류용으로 도축되는 것으로 추정되며 이는 생선이나 해산물은 뺀 수치이다. 하루 약 2억2천 마리의 동물들이 도축되는 셈이다. 도축되는 동물의 종류로는 닭이 가장 많은 수를 차지하고 돼지, 양, 소가 그 뒤를 잇는다. (유엔식량농업기구 2020년 통계)

대한민국의 도축 실태

우리나라에서는 2022년 하루 평균 소 2,780마리, 돼지 50,839마리, 닭 2,807,061마리가 도축되었다. (축산물안전관리시스템 자료). 이들만 해도 1분당 약 2천 마리가 도축되는 셈이다.

"개탄스럽지만 일부의 문제다", "업계 전체에 낙인을 찍어선 안 된다", "감독이 필요하다" 등등 보도가 나올 때마다 정치권의 반응은 한결같다. 이런 공식이 되풀이되는 이유는 한 가지, 사람들이 외면해 주길 바라는 것이다. 2017년 대통령 선거 기간에 에마뉘엘 마크롱 프랑스 대통령 후보는 모든 도축장에 카메라를 설치하겠다는 공약을 내걸었다. 감시촬영을 의무화하여 투명성을 높이자는 것이었다. 하지만 당선된 뒤에 약속은 지켜지지 않았다. '자발적'이고 '시험적'으로 몇몇 도축장이 카메라를 설치했을 뿐이다. 즉, 공약이 공염불에 그치고 만 것이다.

아무리 규정이 있다고 해도 죽음의 공장에서 벌어지는 일들을 일반 대중에게 보여주면 안 된다는 것을 농식품업계는 너무나 잘 알고 있다. 도축장의 차단된 벽 뒤에서 일어나는 현실을 소비자가 직접 볼 수 없을 때에만 축산 경제는 유지될 수 있다. 그래서 아무리 기준을 높이고 규제를 강화해도 지금처럼 많은 고기가 소비되는 한 동물은 생명 아닌 물건으로 취급될 수밖에 없다.

사육 공장의 동물들

집약적 축산업은 동물 상품화 논리를 극단적으로 밀어붙인다. 나는 많은 공장식 돼지나 양계 농장을 방문했다. 미리 청소하거나 정리하지 않은 상태에서 보기 위해 늘 몰래 밤중에 들어갔다. 매번 나는 역겨움과 부끄러움을 느껴야 했다. 폐쇄된 건물에서 평생 한 번도 밖으로 나오지 못한 채 죽어야 하는 동물들과 마주쳐야 하는 건 끔찍한 일이었다. 우리의 문명이 이런 일들을 용인하고 있다는 사실이 부끄러웠다.

공장형 농장에서 동물들은 자신의 배설물 위에서 포개진 채 생활한다. 작은 틈도 허용 않는 좁은 공간에서는 동료를 밀치지 않으면 조금도 몸을 움직일 수 없다. 동물들은 서로에게 공격적일 수밖에 없고, 필연적으로 부상이 뒤따른다. 암퇘지가 갇힌 임신 분만 케이지에서는 긁기 위해 몸을 돌리는 것조차 허용되지 않는다. 육종가가 더는 생산성이 없다고 판단하는 날까지 강제 수정이 되풀이되고, 어미 돼지는 자기 임무가 끝나면 도축장으로 끌려간다.

기업형 양계장에서 닭의 생존 기간은 길어야 40일이다. 초고속으로 성장하도록 세팅된 닭들은 몸무게를 견디지 못해 다리에 기형이 생긴다. 일어서지 못해 자동 먹이통에 닿을 수 없으므로 굶주림과 목마름으로 죽고 동료 동물의 발에 짓밟혀 죽는다. 내가 방문한 모든 농장에서 이런 광경을 목격할 수 있었다. 콩콩이 피난처에 구조되어 온 닭들은 모두 '삶'의 상처를 안고 그곳에 왔다.[17] "모두 다리에 염증이 있어요. 최선을 다해 돌보고 매일 보살펴도 오래 살 수는 없습니다. 모두 일찍 죽도록 프로그램되어 있으니까요." 보호자 중 한 명인 마틸드가 한숨을 쉬며 말한다.

집중 사육 시스템 자체가 학대라고 볼 수 있다. 풀밭을 거닐거나 신선한 공기를 마시거나 햇볕을 쬘 기회를 빼앗은 채 동물들을 외부와 단절된 건물에 평생 가둬두고, 좁은 공간에 몰아넣어 배설물에서 나오는 암모니아 위에서 잠들게 하고, 신체활동을 막아 급속도로 살을 찌워 태어난 지 몇 주 또는 몇 달 만에 죽임을 당하게 하는 것이 학대가 아니면 무엇이 학대란 말인가? 이를 학대가 아니라고는 아무도 말할 수 없을 것이다.

공장형 축산에 동물 복지 같은 건 있을 수 없다고 아나이스는 잘라 말한다. 스물여덟 살의 이 여성은 동물보호 활동가가 아니라 전직 양돈 농부다. 축산 분야 고등기술자격증(BTS)을 취득하고 프랑스 사르트 주의 한 축산 농장에서 일했다.

"한 건물에 어미 돼지 2백 두, 다른 건물에는 비육돈 2천 두 정도가 있었어요. 저는 주로 분만을 담당했죠. 자동 시스템으로 어미 돼지의 사료 공급을 관리했고, 약해서 생존하기 어려울 것 같은 새끼 돼지를 선별했습니다. 보통은 제가 직접 도축해야 했어요. 두개골을 땅이나 울타리에 부딪쳐서 죽이는 방식이죠. 하지만 저는 그렇게 할 수 없었어요. 사장님은 한쪽에 치워 놓으라 하셨고, 그래서 제가 그들을 돌보았습니다. 순전히 경제적인 판단으로 살릴지 죽일지를 택해야 하는 건 끔찍한 일이에요. 도태된 새끼 돼지 중 일부는 아무 문제 없이 잘 살아갑니다. 살이

찌지 않아 수익성이 없다고 판단해서 죽이는 거죠. 이젠 사람들에게 진실을 알려주어야 합니다. 생산의 압박이 심하면 동물들은 제대로 보살핌을 받지 못합니다. 두 시간 안에 어미 돼지들을 이동시켜야 하는데 한 마리가 움직이지 않으면 스트레스를 받아 막대기를 휘두르게 되죠. 어미 돼지의 눈을 들여다보면 정말 놀라워요. 우리와 비슷해서 마치 사람 눈을 보고 있는 것 같아요. 절망, 지루함, 피곤함 같은 것들이 모두 느껴집니다. 아주 짧은 주기로 수정을 하기 때문에 어미 돼지들은 새끼를 낳은 뒤에도 자기 앞에 있는 것이 새끼인지 뭔지도 알아보지 못합니다. 무슨 일이 일어났는지 모르고 새끼 돼지를 잡아먹으려는 녀석도 있어요. 그러면 때려서라도 막아야만 합니다. 새끼 돼지를 돌보는 과정은 더 심각해요. '돌봄'이라기보다는 '고문'에 가까워요. 열악한 환경 속에서 돼지들이 서로 해치는 걸 막기 위해 마취제도 없이 이빨을 갈고 꼬리를 잘라야 합니다. 처음 일을 끝내고 집으로 돌아가는 차 안에서 40분 내내 울었어요."

그녀가 들려주는 이야기는 끔찍했다. 내가 말을 가로막고 물었다. "2천 마리가 넘는 동물을 관리하는 데 몇 명이나 일을 했나요?" 아나이스는 대답한다. "몇 명이었냐고요? 저와 사장님, 단둘이었어요. 손으로 먹이를 주지 않아도 되고 거의 완전히 자동화된 양돈 시스템이라 일손이 많이 필요하지 않았어요."

농수산부의 2019년 통계수치는 이런 상황을 잘 말해준다. 소규모 양돈 농장(돼지 20마리 미만)이 전체 농장의 46.3%를 차지하지만, 전체 가축 수로 따지면 0.3%밖에 되지 않는다. 2천 마리 이상의 돼지를 사육하는 초집약적 양돈 농장은 전체 농장의 14.4%이지만 돼지의 65%를 이곳에서 사육한다. 당연히 이런 환경에선 동물과 유대감을 형성할 수 없고, 그럴 만한 시간 여유도 없다. 질병 관리도 마찬가지여서 세심히 살펴줄 겨를이 없다. 어미 돼지가 열이 나면 이유도 알아보지 않고 항생제를 투여한다.

"동물들은 아프게 태어났고 늘 아파요. 우리는 그들에게 강한 약물을 잔뜩 투여하죠. 처음에는 동물을 좋아해서 일을 시작했지만 금세 환멸을 느꼈어요. 공장 시스템에서 품질과 동물 복지를 동시에 달성하는 것은 불가능하다는 걸 알았습니다." 아나이스는 결국 포기해야 했다. 그녀는 직장을 그만두고 비건 채식주의자가 되었다. 그리고 지금은 동물 돌보는 일을 훈련 중이

대한민국의 집약적 축산업 실태
대한민국의 집약적 축산업 통계를 살펴보면 프랑스 등의 선진국들과 다르지 않음을 알 수 있다. 2020년 5천 마리 이상 돼지를 키우는 가구는 전체의 6.2%에 불과했지만, 사육 마릿수로는 전체의 59.3%를 차지했다. 한우와 육우의 경우 100마리 이상 대규모 사육 가구는 전체 사육 가구의 8.6%였지만, 사육 마릿수로는 전체의 42.9%를 차지했다. 닭의 경우, 5만 마리 이상 사육 가구는 전체 사육 가구의 44.4%였고, 사육 마릿수는 전체 마릿수의 75.7%를 차지했다. (2020년 통계청 자료)

다. 그녀가 목격한 광경들은 예외적인 경우가 아니다. 프랑스를 비롯해 모든 부유한 국가에서 이런 식의 공장형 축산은 표준이 되었다.

내가 키우는 토끼는 먹지 않아요

2022년 7월, 프랑스의 어느 지역. 섭씨 40도에 육박하는 폭염이 전국을 강타하고 있었다. 다미앙이 농장의 문을 열어준다. 약 50m 길이의 건물 세 동에서 1만 마리 정도의 토끼가 작은 우리에 갇힌 채 살고 있다. 번식용 암컷이 정신없이 새끼를 낳아대는 '출산' 구역에서는 수정을 기다리는 젊은 토끼들이 자기 몸집만 한 케이지에 갇혀 있다. 토끼들은 움직일 수조차 없이 철창에 꼭 끼어 있다. 고통스러워하는 토끼들의 표정이 마음을 아프게 한다. 비육 축사에서는 어린 토끼들이 한 케이지당 아홉 마리씩 밀집해 서로를 타고 오른다. 토끼들은 약 70일 동안 이렇게 지내다가 도축장으로 끌려가 식탁에 오른다. 지루함과 고통으로 얼룩진 짧고 지옥 같은 삶이다. 다미앙은 토끼의 귀를 잡고 목에 항생제를 주사한다. 그리고 토끼가 마시는 물에도 항생제를 넣는다. "가능한 한 적은 양을 사용하지만, 항생제를 주입하지 않으면 토끼가 죽어요. 이 동물들은 빨리 살이 찌도록 선택되었고, 매우 약하기 때문에 계속 살리려면 약물이 필요합니다. 우리가 주는 사료의 질이 좋지 않아서 항상 목이 마르고, 물을 너무 많이 마셔서 병이 날 정도예요. 저는 이를 방지하려고 물에 구리를 넣어 쓴맛을 냅니다. 저는 제가 키우는 토끼는 먹지 않아요. 토끼에게 무엇을 주었는지 다 알고, 그것이 내 몸에 들어가는 것을 원치 않으니까요." 다미앙이 내 방문을 허락한 이유는 한계가 왔음을 느꼈기 때문이다. "동물을 이런 식으로 대하는 걸 더는 참을 수 없습니다. 일을 그만두고 직업 재훈련을 받고 싶지만, 먼저 시설을 지으려고 진 빚을 갚아야 해요. 축산업에 희망을 걸고 들어온 많은 육종가들처럼 저도 시스템의 포로가 되고 말았어요. 빚을 내서 더 많은 동물들을 길러냈지만, 사업을 시작한 지 8년이 지나도록 여전히 제 월급조차 가져가지 못하고 있어요. 동물들은 고통받고 우리도 마찬가지로 고통받습니다. 이런 처지가 부끄러워 업계에서는 아무도 목소리를 내지 못합니다."

동물들의 마지막 외출

몇 가지 수치를 열거해 보겠다. 이 수치는 매우 중요하다. 겉모습만 보면 깜박 속아넘어갈 수 있기 때문이다. 우리는 주변에서 행복해 보이는 동물들을 본다. 초원에서 풀을 뜯는 소는 평화로운 삶을 즐기고 있는 것처럼 보인다. 산책길에서 마주치는 양이나 할머니 댁 마당에서 노니는 암탉들도 마찬가지다. 하지만 이런 행운을 누리는 동물은 사육 동물 중 극히 일부분이다.

대다수의 동물들은 우리 눈에 띄지 않는다. 가끔 고속도로에서 마주치는 트럭에 실려 도축장으로 갈 때를 제외하곤 절대 건물 밖으로 나올 수 없기 때문이다.

프랑스에서 돼지의 95%는 외부 출입이 금지된 폐쇄 건물에서 배설물만 겨우 빠져나갈 수 있는 일종의 격자 철망 위에서 살고 있다. 이들에겐 몸을 누일 짚단조차 제공되지 않는다. 육계 농장의 상황도 별반 다르지 않다. 육계의 80%가 제곱미터당 최대 22마리 밀도의 공간, 즉 닭 한 마리당 A4 용지 한 장에 해당하는 공간에서 생활한다. 염소는 어떤가? 그들의 60%는 축사 밖으로 나가지 못한다. 칠면조는 97%가 그렇다. 토끼는 상황이 더 심각해서 99%가 밀도 제한이 없는 우리에 갇혀 사육된다. 산란용 닭들은? 거의 절반이 건물 밖으로 나가지 못한 채 생을 마감한다. 어림잡아도 프랑스에서 매년 도살되는 10억 마리의 가축 중 약 1억5천만 마리만 바깥세상을 구경할 수 있고 8억5천만 마리 이상은 평생 갇혀 있다가 생을 마감한다. 하지만 눈에 띄지 않으면, 그리고 카메라만 벗어나면 이 모든 것이 없는 일이 된다.

과학자들이 인정하듯이 물고기들도 감각을 가지고 있으며 고통을 느낄 수 있다. 하지만 물고기들을 보호할 규정은 없다. 전 세계에서 해마다 수천억 마리의 물고기가 어망에 걸려 긴 고통 끝에 질식사한다. 유엔식량농업기구에 따르면 잡힌 물고기

바다물이

의 35%는 먹지 않고 버려지므로 무의미한 고통 속에 죽는 셈이다. 양식장도 사정은 마찬가지다. 나는 스코틀랜드의 연어 양식장을 방문한 적이 있는데, '레드 라벨'을 획득하고 프랑스에도 수출하는 소위 '최고급' 양식장이었다. 수만 마리의 물고기가 넓은 바다의 가두리 양식장에 갇혀 있었다. 소비자들의 입맛을 사로잡기 위해 항생제와 색소를 잔뜩 투여해 살을 분홍색으로 만든다. 그리고 이런 상태에서 슈퍼마켓이나 생선 가게, 레스토랑으로 팔려 간다. 나는 극도의 생태계 교란으로 이상 번식한 바다물이가 연어를 산 채로 서서히 잡아먹는 것을 목격한 적이 있다. 더 심각한 문제는 이 연어들이 세계 각지에서 어획된 야생 물고기들을 사료로 먹고 자라기에, 가난한 사람들의 기초 식량 자원을 빼앗는다는 점이다. 가두리 양식장 안팎에서는 모든 것이 오염되고 죽어간다. 연어 양식장 인근의 생물 다양성은 무너지고, 일부 야생 어종은 폐수로 오염된 환경에서 살아간다. 프랑스에는 연어 양식장이 거의 없지만(외국에서 대규모로 수입하고 있다) 대신 송어를 양식한다. 그러나 이 송어의 94%가 밀도 제한이 없는 폐쇄된 수조에서 자란다.

애완용 토끼와 식용 토끼

몇 달 전, 놀라 펄쩍 뛸 만한 인터뷰 기사를 보았다. 〈르 파리지앵〉 지가 당시 농림부 장관이던 쥘리앙 드 노르망디와 한 인터뷰였다. 반려동물을 유기하는 사람들에 대한 정부의 단호한 입장을 보여주기 위한 캠페인의 일환으로 한 인터뷰에서 이 정부 관료는 이렇게 얘기했다. "동물은 장난감이나 상품이 아닙니다." 그렇다면 그는 매일 수백만 마리의 동물이 상품으로 소비되기 위해 도살되고 있다는 사실을 모르고 있었다는 말인가? 의식적이든 무의식적이든 그는 돼지, 소, 닭 또는 양을 동물로 생각하지 않는 것이다. 그에게 '동물'이란 우리와 함께 살고 감정을 나누는 반려동물에 한정된다.

장관에게 우리가 먹기 위해 도살하는 동물은 '동물'이 아니다. 즉 그는 같은 생명체들 사이에 부당하게 차별의 벽을 세우고 있는 것이다. 돼지는 감수성이나 인지 능력에서 개에 뒤지지 않는다. 소도 고양이처럼 두려움, 기쁨, 애착, 고통, 쾌락, 배고픔을 느낀다. 그러나 어떤 경우엔 소를 해치는 행위가 금지되어 있지만, 다른 경우엔 거꾸로 매달아 목을 자르는 것이 지극히 합법적이다.

우리는 신체 기능의 복잡함이나 지능 수준을 가지고 행복하게 살 권리가 있는 동물과 고통받아도 되는 동물을 구분하지 않는다. 그들의 운명을 결정하는 유일한 기준은 우리가 어떻게 사용하느냐이다. 대표적인 예로 토끼를 들 수 있다. 토끼는 '애완용'으로서 법의 보호를 받지만, 다른 한편으로는 끔찍한 환경에서 사육되며 식용으로 도살되기도 한다. 이렇게 우리는 하나의 동물에게 완전히 다른 기준을 적용한다. 장관이 휴가를 가다가 고속도로 휴게소에 애완용 토끼가 버려져 있는 것을 본다면 어떻게 생각할까? 당연히 애처로움을 느낄 것이다. 반면에 수천 마리의 토끼가 제대로 서지도 못하는 좁은 공간에서 사육되다가 짧은 감옥생활 끝에 죽음을 맞이하는 것에 대해서는 생각조차 못 할 것이다. 그러나 현실은 사육되고 있는 가축들의 대부분은 식용이라는 것이다.

동물 농장과 동물 공장

집약적으로 가축을 사육하는 건 지속적으로 법을 위반하는 행위다. 프랑스의 농업법 제214-1 조항은 "모든 동물은 지각이 있는 존재이므로 주인은 종의 생물학적 요구에 맞는 조건에서 사육해야 한다"고 규정하고 있다. '생물학적 요구'를 존중한다는 것은 이론상으로 암탉은 땅을 뒤지고 주변을 탐색할 수 있어야 하고, 돼지는 배설물이 없는 깨끗한 공간에서 잠을 잘 수 있어야 하며, 토끼는 고유한 깡충뛰기 동작을 할 수 있어야 한다는 뜻이다. 집약적 사육 환경에서는 이 모든 것이 불가능하다. 왜냐면 이 법을 적용하겠다는 것은 오늘날 대부분을 차지하는 사육 방식을 금지하겠다는 것과 마찬가지기 때문이다. L214 협회는 이에 대해 한마디로, "동물에 사육 방식을 맞추는 대신 사육 방식에 동물을 꿰맞추는 선택을 한 것"이라고 말한다.[18]

그러면 소수만 사육하고 야외

▼L214협회

동물들이 식용 자원으로 사용되는 것에 반대하는 프랑스의 동물보호 단체로 2008년에 설립되었다. 'L214'라는 이름은 1976년에 처음으로 동물들을 감각이 있는 존재로 인정한 프랑스 농업법 L214-1조에서 따온 이름이다. 동물들의 사육, 운송, 도살 등에서 벌어지는 비윤리적 관행의 영상을 공개함으로써 사회적 인식을 높이고, 살처분되는 동물 수를 줄이기 위해 식물성 식단을 장려하는 등의 활동을 한다. 정치적으로도 영향력을 행사하여, 몇몇 사육장과 도살장의 폐쇄, 동물 학대에 대한 법적 처벌, 기업과 정치인들의 약속을 이끌어 내기도 했다.

활동과 좋은 생활환경이 보장된 적정 규모의 농장에서 생산한 육류나 정당한 방법으로 포획한 생선만 사서 먹으면 되지 않느냐고 말할 수 있다. 실제로 내 친구나 가족 중에는 앞으로 이런 제품들만 먹겠다고 말하는 이들도 있다. 조금 먹더라도 제값을 주고 올바른 제품을 찾으려고 노력하면 충분히 가능한 일이다.

대한민국의 육류 소비량

대한민국의 1인당 연간 육류 소비량은 51.3kg으로, OECD 국가들의 평균인 63.5kg보다 적은 편이다. 그러나 돼지고기 소비량은 24.4kg으로 OECD 국가들 중 최고 수준이다. 닭고기는 15.4kg, 쇠고기는 11.6kg을 소비하여 다른 OECD 국가들과 비교하면 상대적으로 소비가 적은 편이다.

그러나 실제로 이 길을 택하는 사람은 거의 없다. 시간도 없고 방법도 모르기 때문이다. 소비자가 집에서 기른 고기만 먹는다고 하면 모든 사람에게 충분한 육류를 공급하는 일은 불가능해진다. 지금으로선 집약적 축산만이 동물성 식품의 수요를 충족시킬 수 있다. 즉, 공장형 생산만이 슈퍼마켓과 정육점, 시장, 레스토랑에 충분한 고기를 공급해 줄 수 있다. 현재의 육류 소비량은 동물 친화적인 축산으로는 감당할 수 없는 수준이다.[19] 다시 말해, 살아 있는 생명을 감각을 지닌 존재가 아닌 상품으로 취급할 수밖에 없다는 뜻이다.

집약적 축산업과 환경

나는 동물들이 겪는 고통이 생산과 소비 방식을 바꿔야 할 충분한 이유가 된다고 생각한다. 그리고 동물을 생산하고 판매하는 산업이 환경에 미치는 영향도 잊어서는 안 된다.

축산업은 전 세계 온실가스 배출의 14.5%를 차지하며, 이는 세계 자동차, 비행기, 선박이 직접 배출하는 양과 맞먹는다.[20]

축산업은 광업이나 목재 밀매보다 훨씬 전에 이미 아마존 삼림 벌채의 주요 원인이었으며, 강과 지하수의 오염과 바닷가 녹조류의 확산에도 큰 역할을 해 왔다.

농장 동물들에게 먹일 식량을 생산하려면 막대한 양의 물을 사용해야 한다. 현재 세계 농경지의 대부분은 동물들의 식량을 생산하는 데 사용되고 있으며, 병충해를 막기 위한 살충제는 곤충, 조류를 비롯한 모든 야생동물들의 멸종을 불러오고 있다.

어업은 이제 플라스틱 오염이나 기후변화와는 비교할 수 없을 만큼 해양 생물 다양성 파괴의 주요 원인이 되고 있다.[21]

꼭 비건이 아니어도 좋다

스물여섯 살 때까지 나는 육류와 생선을 먹었다. 식탁에는 매일 동물들이 올라왔지만 나는 이 생명체들의 운명을 궁금해하지 않았다. 어릴 때부터 늘 그래왔기 때문에 동물들을 먹는 것은 당연한 일이었다. 그 이상은 생각해 보지 않았고, 남들처럼 먹는 즐거움을 누리며 평범한 생활을 해왔다. 그러다가 앞에서 말한 현실과 구체적인 통계 수치들을 발견하면서 의문을 품게 되었다. 이것이 정상일까? 무엇보다 이 모두는 용납할 수 있는 일일까? 당시에 나는 이미 환경에 깊은 관심을 가지고 있었다. 그리고 기업식 농업과 어업의 환경 파괴 책임을 지적하는 많은 연구들을 보면서 마침내 확신하기에 이르렀다.

어느 날 나는 저녁 식사를 위해 피자를 사러 갔다. 바욘 햄이 들어 있는 피자였다. 집으로 걸어가면서 상자를 열고 햄을 살펴

본 다음 한 조각씩 옆에다 골라 놓고 먹었다. 이렇게 햄을 제외한 나머지 부분을 다 먹고 난 뒤로 나는 고기를 한 조각도 사먹지 않았다. 그리고 1년 뒤에는 생선도 끊어 버렸다. 이제는 다시 과거로 돌아갈 수 없을 것 같다. 나를 본보기로 삼으라는 말이 아니다. 나는 인생의 대부분 동안 동물의 고기를 먹어왔고, 그것에 대해 아무런 문제의식도 가지지 않았다. 지금도 달걀과 약간의 유제품은 먹고 있다. 그러나 나는 이런 제품이 동물에게 미치는 영향을 잘 알고 있다. 달걀 판매는 곧 수컷 병아리들의 죽음을 의미한다. 프랑스에서만 매년 수백만 마리의 병아리가 도살된다. 도살은 분쇄나 가스를 주입하는 방식으로 이루어진다. 이런 관행은 곧 금지될 예정이다. 앞으로는 알이 부화하기 직전에 수컷과 암컷을 구분하는 '성별 분류' 규정이 의무화될 것으로 보인다.

나는 지금 유기농 달걀만 먹지만, 그렇다고 닭들의 고통이 사라지는 것은 아니다. 유기 인증이든 아니든 일정한 양의 알을 낳지 못하는 닭들은 다른 닭들처럼 도축장에서 삶을 마감하게 될 것이다. 유제품 산업도 마찬가지다. 인간에게 우유를 공급하려면 송아지나 양의 새끼를 어미의 품에서 떼어내야 한다. 동물행동학 연구에 따르면 이런 강제 분리는 어미와 새끼 모두에게 큰 트라우마를 안겨준다. 어린 동물들은 강제로 분리된 뒤에 비육 농장으로 보내지고, 좁은 공간에 갇혀 지내다가 도살되어 육류

시장으로 나오는 일련을 과정을 겪는다. 정도만 다를 뿐 나는 이런 시스템의 참여자로 살고 있는 것이다. 만족과 맛과 편리함을 얻기 위해…….

식당에 가더라도 선택할 수 있으면 비건 메뉴를 고르고 그렇지 않으면 치즈 샌드위치로 만족한다. 결국에 나는 모든 동물성 식품을 포기하게 될 것이다. 하지만 그동안에 자신을 꾸짖을 생각은 없다. 내가 생각하는 근본적인 해결책은 모래 속에 머리를 파묻거나 귀를 막지 않고 사실을 인지하는 것이다. 우리 모두 하나 이상의 선택을 통해 소비 습관을 변화시킬 수 있다. 나는 채식주의를 선택했다. 다른 이들은 육류나 생선 구매를 대폭 줄임으로써 실천할 수 있다. 그것만으로도 이미 훌륭한 행동이라고 본다. 전 세계 사람들이 하루아침에 비건 채식주의자가 될 수는 없다. 진정성을 과시하기 위한 경주는 사람을 쉽게 지치게 한다. 충분해 보이지 않아도 긍정적인 시도 자체는 박수 받을 만하다. 무엇보다 중요한 건 육류 생산량을 대폭 줄이는 일이다.

피타고라스의 선택

동물을 위해 식단을 바꾸려는 시도를 하게 되면 온갖 비난과 조롱에 맞서 싸워야 한다. 채식주의자나 비건들을 향한 가장 흔한 조롱의 말은 여러분도 잘 알고 있듯이 '패션', '허세', '배부른 소리' 같은 것들이다. 이런 비난에 맞서기 위해 먼저 우린 과거를 돌아볼 필요가 있다. 기원전 550년. 그때는 집약적 목축이 존재하지 않았고 생물 다양성은 지금보다 훨씬 잘 유지되고 있었다. 그때도 이미 많은 종들이 인간의 손에 사라졌지만, 그래도 짐작하건대 동물들의 운명은 부러움의 대상이었을 것이다. 먼 옛날의 사상가들은 이런 동물들을 먹는 일의 정당성에 대해서 의문을 제기하곤 했다. 소크라테스 이전의 철학자들은 윤회전생輪回轉生의 믿음을 가지고 있었다. 그들에 따르면 영혼은 불멸하며, 인간과 동물의 몸 어디든 옮겨 다닌다. 수학 시간에 배우는 정리로 유명한 피타고라스는 모든 생명체는 친족 관계에 있으며 동물을 죽이는 것은 자기 형제를 죽이는 것일 수도 있다고 믿었다. 그래서 내가 이 글을 쓰기 2천5백 년도 전에 이미 그는 채식주의를 옹호했다. 피타고라스야말로 진정한 '패션'의 선구자였던 것이다!

포르피리우스, 테오프라스투스 또는 플루타르크와 같은 고대의 사상가들도 '살인'을 떠오르게 한다는 이유로 육식을 거부했다. 테오프라스투스는 다른 종보다 우월한 종은 없다고 주장하는 '반종주의'를 '반인종주의'와 같은 맥락으로 보았다.[22] 기원후 1세기에 플루타르코스는 우리에게 해를 끼치지 않는 생명을 해칠 필요가 없다는 생각으로 채식주의를 옹호했다. 그는 생존을 위해 사냥을 해야 했던 선사시대의 인간과 달리 농업에 숙달한 당대의 인간들은 굳이 고기를 먹을 이유가 없다고 생각했다. 계몽주의 시대 인본주의 철학자 장 자크 루소도 육식이 불필요하다는 주장과 함께 채식을 옹호했다. 인본주의자로 알려진 루소는 이렇게 소비를 위한 동물 착취에 반대한 데 비해, 오늘날 일부 사람들이 인본주의(인간 보호로 해석되는)와 동물 권리 사이에 대립각을 세우는 현상은 매우 흥미롭다.

물론 기원전 322년에 죽은 아리스토텔레스처럼 인간과 동물들 사이에 엄격한 경계를 둔 사상가도 있다. 물론 아리스토텔레스도 동물에게 생각할 능력이 있다는 사실은 인정했다. 하지만 그는 인간만이 이성에 접근할 수 있기에, 그리고 인간은 "자연의 뜻를 실현하고 완성하기 위해 선택된 동물"이기에, 다른 생명들을 이용하고 죽일 권리가 있다고 주장했다. 아리스토텔레스는 이런 생각을 확장하여, 인간 사이에도 누구는 자유인이 되고 누구는 노예가 되어야 하는 기준이 있다고 보았다.

동물과 인간의 관계에 대한 철학적 논쟁을 역사적으로 추적한 책으로 철학자 엘리자베스 드 퐁드네의 『짐승들의 침묵』[23]이 있다. 그녀는 기독교의 출현과 함께 인간과 동물의 관계에 커다란 변화가 찾아왔다고 말한다. 신이 자신의 형상대로 인간을 창조했다고 믿었던 교회는 인간 종을 왕좌의 지위에 올려놓으며 다른 동물의 무제한 이용을 정당화했다. 철학자 토마스 아퀴나스도 이런 생각을 계승해 동물은 "신의 뜻에 따라 인간에 봉사하도록 창조된 움직이는 도구"라는 사상을 널리 퍼뜨렸다.

17세기에 데카르트는 신이 창조했기 때문에 인간이 만든 도구보다는 약간 우월하다며 동물을 '자동기계'에 비유했다.

엘리자베스 드 퐁트네는 책 말미에서 내가 좋아하는 다음과 같은 문장으로 자신의 생각을 정리하고 있다. "동정심이 부족하다는 것은 어떤 목적을 위해 남이 당하는 고통에 무감각한 것을 말한다. 즉 살아있는 존재를 아무렇게나 대하고 이용할 권한을 스스로에게 부여하는 것이다. 이것을 우리는 잔인함이라고 말한다."

잡식동물과 육식동물

이렇게 보면 우리가 다른 생명체를 대하는 방식에 의문을 제기하는 건 새삼스러운 일이 아니다. 비건과 채식주의도 몇 세기 전부터 있던 사고의 흐름 중 하나다. 달라진 것이 있다면 축산업과 어업이 집약화되면서 동물에 대한 학대가 루소의 시대보다 훨씬 많아졌다는 점이다. 당연한 소리겠지만, 생명을 살상하는 것은 곧 폭력을 의미한다는 사실을 확실히 기억해 두어야 한다. 오해가 없기를 바란다! 나도 폭력이 지구상에 존재하는 삶의 한 방식이라는 것을 잘 안다. 폭력을 통해서 포식자가 먹잇감을 죽이는 것은 먹이사슬의 원리이다. 생태계는 폭력을 기반으로 하므로 폭력 없는 세상을 바라는 것은 환상에 불과하다. 그러나 이 폭력이 우리 생존에 꼭 필요한 것인지는 되물을 필요가 있다. 다른 종들은 개체의 생존을 위해 폭력을 행사한다. 육식동물은 생물학적으로 육류 이외에는 먹지 못하게 적응되었으므로 폭력 없이는 생존할 수 없다. 즉, 죽이지 않으면 죽는 것이다.

"사자가 가젤을 먹지 않으면 나도 고기를 먹지 않겠다." 어느 날 한 네티즌이 내 주장의 오류를 지적하며 이런 메일을 보내왔다. 하지만 그는 고의든 아니든 인간이 육식동물이 아니라는 중요한 사실을 빠뜨리고 있다. 인간은 잡식성 동물이다. 우리 몸이 식물과 함께 고기도 흡수할 수 있게 되었을 뿐, 우리는 지금과 다른 식단으로도 잘 살 수 있다. 돼지와 같은 다른 잡식성 동물들에게는 식물성 사료만 주면서 왜 인간은 고기를 먹지 않으면 안 된다는 말인가? 물론 농업이 거의 불가능한 극한 기후에 사는 사람들은 낚시나 사냥, 목축 없이는 살 수 없다. 생존을 위해 소규모 가축 떼에 의존해야 하는 아프리카의 사막 지역이나 극심한 추위와 고립된 생활로 육식이 필수적인 시베리아의 외딴 지역 사람들이 그렇다. 그러나 동물 고기를 먹지 않고도 건강하게 살아갈 수 있는 선진국 사람들은 다르다. 많은 여성들과 운동선수들을 포함한 수백만 명의 사람들이 이를 증언해 준다. 이를 주제로 한 연구들에 따르면 채식주의자와 비건들은 일반인들만큼 건강하며 오히려 더욱 건강한 경우가 많다.

동물 착취의 역설

고기를 먹기 위해 동물을 죽이는 것은 필수가 아닌 선택이다. 거의 2천 년 전에 플루타르코스는 이런 점을 지적했다. 문제는 우리가 대부분의 시간 동안 다른 선택에 대해서는 생각조차 하지 않았다는 점이다. 나 또한 고기를 먹던 시절에 끼니때마다 이런 질문을 던지지는 않았다.

프랑스국립과학연구원의 경제학 연구원인 로맹 에스피노사는 자신의 책 『어떻게 동물을 구할까?』[24]에서 왜 대다수의 사람들이 동물을 사랑하면서도 계속 동물을 먹는지에 대한 답을 찾으려고 했다. 그는 이를 '동물 착취의 역설'이라고 불렀다. 우리 주변에서 동물 학대에 찬성하는 사람은 찾아보기 어렵다. 길거리에서 개를 때리는 사람이 있다면 행인들이 앞장서서 말릴 것이다. 세상에 동물의 고통을 즐기는 사람은 거의 없다. 그러나 이런 사실도 수백만 마리의 동물들에게 고통을 주는 공장형 축산업을 막을 수는 없다. 에스피노사는 이런 모순을 감추는 몇 가지 현상을 설명한다.

첫째, 우리는 '진지한 무지'에 빠져 있다. 육류 산업은 동물의 고통을 철저히 감추려 하기 때문에 대부분의 사람들은 이에 대해 잘 모른다. 현실과는 다르게 행복하게 전원을 뛰어다니는 동물을 보여주는 광고 캠페인들도 한몫 거든다. 동물들로 빽빽한 축사 내부를 보여주는 광고는 없다. 사람들이 육류를 먹도록 장려하기 위해 축산업계는 지금도 수많은 로비 자금을 뿌리고 있으며, 때로는 학교에까지 이런 로비가 들어간다. 소고기 로비 단체인 프랑스소고기협회(Interbev)는 2019년 육류 홍보를 위해 3,570만 유로(약 5백억 원)의 예산을 편성했다. 동물의 고통에 반대하더라도 일반 대중은 동물 학대와 공장식 축산을 연관 지어 생각하지 않는다. 따라서 축산업계가 은폐하는 현실을 대중에게 지속적으로 알리는 것이 중요하다.

두 번째 현상은 '인지 부조화'로, 도덕적 가치에 반하는 선택을 할 때 생겨난다. 예를 들어, 우리는 동물이 고통받는 것을 원치 않지만 고기는 먹고 싶어한다. 이런 상황에서 "육식은 자연스러운 일이다", "육식은 꼭 필요하다", "동물은 우리처럼 고통을 느끼지 못한다"와 같은 변명거리를 찾게 된다. 하지만 이런 변명은 대부분 사실과 다르며, 우리의 원칙과 행동의 불일치에서 생기는 불안감을 무마하기 위한 핑계일 뿐이다.

세 번째 현상은 개인의 행동만으로는 아무 영향도 미칠 수 없다며 손을 놓아 버리는 것이다. 간단히 말해, 주변 사람들 모두 육식을 하는데 나 혼자서 육식을 중단한다고 무슨 소용이 있겠느냐는 생각이다. "혼자서는 아무 것도 할 수 없으며 문제를 해결하는 것은 국가의 몫이다.", "중국과 미국이 손 놓고 있는데 우리나라만 나서면 뭐하나." 등의 주장이 여기 속한다. 그 결과, 집약적 축산업에 반대하는 많은 사람들은 백약이 무효라며 축산물 소비를 계속하게 된다.

다음은 공감의 문제다. 공감에는 정서적 공감과 인지적 공감 두 가지가 있다. 정서적 공감은 "당신이 느끼는 것을 나도 느낀다"는 것이다. 이는 다른 사람이나 동물의 고통, 괴로움 등을 직접 목격할 때 생겨난다. 이렇게 눈앞에 고통받는 대상의 입장에 서는 자연스러운 능력은 모든 행동의 원동력이 된다. 인지적 공감은 타인의 고통을 느끼는 대신에 이해하는 것으로, 정서적 공감과는 다르다. 인지적 공감에는 직접 목격하지 않은 상황에 자신을 투영해 보려는 노력이 포함된다. 예를 들어, 눈으로 보진 않았지만 공장식 농장과 도축장에서 동물들이 고통받는다는 걸 알기에 그들의 입장이 되어보려는 것이다. 이런 인지적 공감은 감정적 공감보다 참여를 이끌어내기 훨씬 어렵다.

로맹 에스피노사는 책에서 다음과 같이 이야기한다. "우리 사회는 동물의 고통을 감춤으로써 그들의 고통에 대한 정서적 공감의 연결 고리를 끊어 버렸다. 더는 동물의 고통을 보지 못하기 때문에 본능적으로 동물의 고통을 느낄 수 없게 된 것이다. 정서적 공감은 인지적 공감의 연료이기 때문에 동물의 고통에서 멀어질수록 이를 이해하기는 더욱 어려워진다. […] 따라서 동물 착취의 역설은 다음과 같이 설명할 수 있다. 우리의 정서적 공감이 동물에 대한 관심으로 이어져도 사회가 만든 거리감이 소비 선택에서의 정서적 공감을 가로막는 것이다."[25]

비난하기보다 알려라

다음으로 '도덕적 면허'의 메커니즘으로 넘어가 보자. 이것은 특히 나와도 관련이 있다. 나 또한 이 메커니즘을 이용하곤 하기 때문이다. 도덕적 면허는 어떤 이타적 행동 때문에 좋은 이미지를 갖게 된 사람이 가치관에 반하는 행동을 정당화하는 데 이를 이용하는 것을 말한다. 예를 들면, 개나 고양이를 돌보는 사람은 자신을 동물의 수호자로 여기기 때문에 오히려 고통 속에 죽임을 당한 다른 동물들을 죄책감 없이 먹을 수 있다. 나는 동물을 사랑하고 매일 그것을 증명하고 있기 때문에 자책할 필요가 없다는 것이다. "스스로 도덕적 이미지를 유지할 자신이 있을 때 부도덕하게 여겨지는 것을 두려워하지 않고 부도덕한 행동을 할 수 있는 것"[26]이라고 로맹 에스피노사는 설명한다.

도덕적 면허증은 사냥꾼이나 사육자들이 자주 내미는 카드다. 사냥꾼은 자기 사냥개를 '사랑'하기에 다른 동물을 죽이는 일로 비난받을 필요가 없다고 생각한다. 축산업자들은 동물을 사랑하여 먹이를 주고, 보살펴 주고, 추위에서 보호해 주었으니 도축장에 보내는 것이 비난받을 일이 아니라고 말한다. 달걀이나 치즈 소비가 동물에게 부정적인 영향을 미친다는 것을 알고 있지만 채식주의를 실천함으로써 이미 할 일을 다했다고 스스로 다독이는 경우도 마찬가지다. 이타적이지 않은 행동(동물성 제품을 먹는 것)에 대한 죄책감을 더는 수단으로 다른 이타적인 행동(동물의 고기를 먹지 않는 것)을 내세우는 것이다.

마지막으로 '리액턴스reactance'라는 개념도 공감할 만하다. 리액턴스는 간단히 말해 자신의 자유를 위협한다고 여겨지는 악의적인 말들에 맞서기 위해 그와 반대되는 행동을 하는 것이다. 이런 현상은 동물 복지를 개선하자는 요구에 대한 반응으로 자주 나타난다. 일부 활동가들은 비건 채식만이 옳은 길이라고 주장하기 위해 육식을 '살인'에 비유하는 심한 말을 내뱉기도 한다. 여기에 선택의 자유를 위협받고 있다고 생각하는 사람들은 육식을 지속하거나 오히려 강화하는 방식으로 대응한다. 외부의 압력에 '저항'하기 위해 가지고 있던 자신의 믿음을 강화하는 것이다.

채식주의자가 되기 전, 나도 고기 먹는 사람을 흉악범 취급하는 일에 분개하곤 했다. 대체 누가 그런 결정을 강요할 수 있단 말인가? 다른 주장에 대한 성찰이나 이성적 분석보다 반발심이 앞섰던 것이다. 내가 채식주의자가 된 것은 누가 시켜서가 아니라 식품 산업의 현실을 알게 되었기 때문이다. 다시 말해 나를 이끈 것은 금지가 아니라 정보였다.

나는 되도록 부담을 주지 않고 많은 사람들을 이 싸움에 동참시키려고 애쓴다. 예를 들어, 식사 자리에서 내 식단에 대해서나 채식의 필요성에 대해 굳이 먼저 얘기하지 않는다. 다만 상대방이 물어 올 때에는 상세하게 설명해 준다. 대부분의 경우에는 상대방이 먼저 내게 물어본다. 식탁 앞에 채식주의자가 앉아 있다는 것만으로도 관심을 불러일으키기 충분하기 때문이다. 나는 내 선택에 대해 자세히 설명하고, 정보와 함께 근거가 있는 수치를 제시한다. 이것은 점심 식사에 갈비 스테이크를 주문하는 사람을 비난하는 것보다 훨씬 효과적이다. 채식이나 비건 식단을 따르는 것만으로도 사람들의 관심을 끌 수 있으며, 이는 TV 프로그램에서 과격한 말을 하는 운동가들보다 큰 영향을 줄 수 있다. 나를 비롯해 주변의 영향으로 비건과 채식주의자들이 된 사람들의 수는 점점 늘어나고 있다. 그들을 따라 동물성 식품 소비를 줄이거나 중단하려고 노력하려는 사람도 셀 수 없이 많다. 이런 눈덩이 효과는 개인의 선택이 생각보다 큰 효과를 발휘한다는 사실을 보여준다.

그러나 현실적인 어려움도 있다. 식단을 바꾸는 일이 그리 쉬운 일은 아니기 때문이다. 우리는 습관과 사회적 규범의 무게를 과소평가한다. 항상 먹던 음식, 주변 사람들이 모두 먹는 음식을 포기하는 일은 큰 상실감을 동반한다. 채식주의자가 되면 식당에서 선택의 폭이 줄어든다. 친구 집에 식사 초대를 받으면 자신의 상황을 미리 알려줘야 한다. 고기 소비를 줄이기 위해 매번 구체적인 결정이 필요하지만, 그 효과는 먼 미래에야 나타난다. 따라서 우리는 방금 말한 모든 장애물을 늘 염두에 두어야 하며, 동물성 제품을 줄였을 때 개인이나 종 전체가 가지게 되는 '이점'을 사람들에게 끊임없이 상기시켜주어야 한다.

동물은 상품이 아니며, 그렇게 취급하는 것이 부당하다는 당연한 사실을 말하는 데에 주저하지 말아야 한다. 조롱과 무시, 정치적, 법적인 장애물에도 불구하고 동물들을 보호하기 위해 연대해야 하는 이유는 그들 스스로 이 일을 할 수 없기 때문이다. 동물 보호 운동은 앞으로 수십 년 동안 인간이 벌이게 될 가장 위대한 싸움 중 하나가 될 것이다. 앞으로 수 세기가 뒤에도 인류가 존재한다면, 그때의 역사가들은 우리가 다른 동물들에게 어떻게 그렇게 모질고 잔인할 수 있었는지 물을 것이며, 이 수치스러운 역사를 끝내기 위해 함께 일어선 사람들에게 경의를 표하게 될 것이다.

모두 행복한 쇼는 없다

"유리 뒤에 갇힌 야생동물을 관찰하여 우리가 배울 수 있는 것은 아무것도 없다. 야생동물은 사냥을 하지 않고 하루 종일 같은 자리를 맴돈다. 곰과 스라소니는 침입자를 물리치거나 암컷을 만나기 위해 영역을 배회하지 않으며 침팬지는 숲을 탐험하지 않는다."

그는 수영장 가장자리에 떠서 움직이지 않고 있다. 등지느러미는 잔뜩 처져 있고 피부는 부풀었다. 가슴지느러미로 붉은 나무 조각을 꼭 안고 있는데, 마치 어린아이가 장난감을 안고 있는 것 같다. 펨케는 서른아홉 살의 암컷 돌고래다. 지금 그의 영혼은 다른 어떤 곳을 떠돌고 있다. 아가 때인 1984년 플로리다 연안에서 잡힌 뒤로 그의 육신은 자연과 가족으로부터 떨어져 줄곧 수영장에 갇혀 있었다. 네덜란드의 한 놀이공원에서 오래 머문 뒤에는 프랑스의 우아즈 주에 있는 아스테릭스 동물원의 돌고래 수족관에서 13년을 살았다. 그곳에서 수컷 에키녹스를 낳았지만, 2016년에 다른 시설로 옮겨지고 다시는 새끼를 보지 못했다.

펨케는 감옥 한구석에서 무기력하게 무슨 생각을 하고 있을까? 시간이 흘러갔다. 쇼는 벌써 끝났고 관중석은 텅 비어 있다. 모르간 페리와 나 말고는 한없이 슬픈 이 장면을 목격할 사람은 남아 있지 않다. 공연 시간이 지난 뒤에도 동물원 관리자는 우리의 돌고래 수족관 출입을 허락해주었다. 모르간은 고래류를 전문으로 연구하는 해양 생물학자다. 그녀는 내게 포획된 동물들이 얼마나 큰 고통을 겪고 있는지 꼭 보여주고 싶어 했다. 나는 그녀의 간청을 거절할 수 없었다.

우리가 방문한 2020년 말에 아스테릭스 동물원에는 펨케를 비롯해 야생에서 포획된 세 마리, 사육장에서 태어난 다섯 마리 등 총 여덟 마리의 돌고래들이 있었다. 돌고래들은 길이 45미터, 너비 17미터의 수영장에서 살고 있었다. "이 동물들은 야생에서 하루에 수십, 수백 킬로미터씩 이동해요. 먹이를 찾고, 깊이 잠수하고, 수면에서 놀고, 필요와 욕구에 따라 자유롭게 움직이죠. 하지만 포획되고 나면 수영장에 갇혀 지내게 됩니다. 인간으로 치면 성인이 되어서도 평생 작은 방 안에 갇혀 사는 것과 같죠……."

그녀가 말을 이어간다. "수영장의 맑고 푸른 물이 보이죠? 관람객들에겐 동물들이 잘 보여서 좋지만 돌고래들에게는 지옥과도 같아요. 투명함을 유지하려면 염소 처리를 해야 하기 때문이에요. 펨케가 보이는 행동은 큰 고통을 겪고 있다는 신호이지요. 몸이 변형되는 호르몬 질환을 앓고 있기도 하지만, 동료 돌고래들과 교류하지 않고 저렇게 줄곧 엎드려 있는 건 마음이 병들었다는 얘기예요. 다른 돌고래들을 보세요. 몇 시간씩 원을 그리며 돌아다니잖아요. 정말 마음이 아파요."

이렇게 갇혀 지내다 보면 사망률이 높아질 수밖에 없다. 1989년에 아스테릭스 동물원에 돌고래 해양수족관이 개장한 뒤로 13마리의 돌고래가 이곳에서 죽었는데, 2003년과 2013년에 생후 2개월 만에 죽은 바이오스와 발레오스처럼 아주 어린 돌고래도 있었다. 2011년에 죽은 암컷 돌고래 보레아는 생후 7일밖에 되지 않았고, 알로하는 2015년에 태어난 지 2주 만에 세상을 떴다.

관람장 문이 다시 열리고 가족과 단체 관람객들이 하나둘 관중석을 채운다. 오늘의 네 번째 돌고래 공연이 펼쳐질 예정이다. 잠수복을 입은 조련사들이 수영장 가장자리에 소품을 설치한다. 아이러니하게도, 녹음된 스피커의 목소리는 고래류 보호의 중요성을 설명하고 있다. 곧이어 쇼가 시작된다. 돌고래가 물 위로 튀어 오르고, 연단으로 풍선을 쳐내고, 조련사들 사이를 이리저리 헤엄친다. 아무것도 모르는 관중들은 즐거워하며 박수를 친다.

"매회 끝날 때마다 수영장 가장자리에 있는 조련사가 보상으로 작은 물고기를 던져줘요." 모르간 페리가 설명한다. "돌고래를 훈련시키는 방법이죠. 먹이가 없으면 쇼도 없어요. 즐거워서 하는 게 아니라 먹이를 얻기 위해 하는 겁니다. 몸이 약한 펨케도 동료들의 곡예를 따라 하기 위해 최선을 다해요. 그런 다음 물고기를 구걸합니다. 하지만 쇼가 끝나고 관람객들이 떠나면 펨케는 곧바로 무기력한 상태로 돌아가요. 다음 공연이 시작되고 다시 관객들에게 먹이를 구걸할 때까지요."

수영장에 갇힌 모든 해양 포유류가 같은 시련을 겪고 있다. 2021년, 범고래 키스타의 사진이 세계를 떠들썩하게 만들었다. 동물권 단체로부터 "세상에서 가장 외로운 범고래"라는 별명을 얻은 키스카는 캐나다의 마린랜드 놀이공원에서 10년 동안 고립된 채 지냈다. 범고래처럼 자연 속에서 무리와 강한 유대감을 갖고 사는 동물에게는 고문이었다. 활동가들이 촬영한 영상 속의 키스카는 수조 벽에 머리를 부딪쳐 이빨을 잃은 채 쇠약해진 모습이었다. 키스카는 점차 광기에 빠져들고 있는 듯 보였다.

플리퍼 신드롬

돌고래 수족관의 숨겨진 면을 속속들이 알고 있는 사람이 있다면 릭 오배리를 빼놓을 수 없다. 덴마크의 자택에서 그와 만났다. 올해 82세인 이 미국인은 고래류 쇼의 선구 격인 마이애미 해양수족관에서 수년간 조련사 겸 관리사로 일했다. 흑백 사진 속에서 젊고 잘생긴 그는 돌고래들에 둘러싸여 있거나 범고래 등에 누워있었다.

"이름이 휴고였어요. 미국에서 포획된 최초의 범고래였죠." 릭은 내게 미소를 지어 보였다. 하지만 그는 이 시기를 전혀 자랑스럽게 생각하지 않는다. 그는 동물들을 훈련시켰을 뿐만 아니라 야생에서 직접 포획해 콘크리트 수조에 가두기도 했다. 1960년대 그의 재능이 기회를 가져다주었다. 큰 인기를 끈 TV 시리즈 〈돌고래 플리퍼〉의 숨은 주역으로 활동하게 된 것이다. 시청자들로부터 큰 인기를 끈 이 드라마에서 여러 마리의 돌고래들이 번갈아 가며 주연을 맡았는데, 릭은 그들을 훈련시키는 일을 맡았다.

암컷 배우 중 하나인 캐시는 다른 돌고래보다도 오래 주인공을 맡았다. 릭이 옛일을 회상했다. "저는 캐시를 진심으로 아꼈어요. 그런 식으로 가둬두고 착취하는 것이 옳지 않다는 것을 알면서도 마음속에 묻어두어야 했죠. 교육, 연구, 보존 등 온갖 구실들을 다 갖다 붙였지만 모두 헛소리고 오직 돈과 오락이 목적이었어요." 그러나 쇼는 계속돼야 했다. 모든 것이 멈추는 날까지……. "훈련 시간이 끝나고 나서 캐시가 제 쪽으로 헤엄쳐 왔어요. 제가 팔로 감싸 안자 녀석이 저를 똑바로 쳐다보다가 크게 숨을 들이마시더군요. 제가 손을 놓자 캐시는 곧바로 수영장 바닥에 가라앉았어요. 캐시는 더 이상 숨을 쉬지 않았죠. 그리고 숨을 거두었습니다." 릭이 그날을 회상했다.

릭은 만나는 사람마다 돌고래는 인간과 달리 반사 호흡을 하지 않는다는 걸 이야기한다. 죽음에 이를 때까지 스스로 숨을 쉬지 않기로 결심할 수 있다는 것이다. 그의 말대로라면 돌고래 캐시는 자살한 것이다. 그의 눈가가 촉촉해진다. 세월이 흘렀어도 회한의 감정은 여전하다. "최악의 순간은 모든 것이 당신의 잘못이라는 것을 깨달을 때입니다" 그가 한숨을 내쉬며 말한다. 그것이 그에게 전환점이 되었다. 돌고래를 잡아 가두는 것이 진짜 문제라는 사실을 깨닫고 할 수 있는 한 많은 동물들을 풀어 주기로 했다. 그는 캐시가 죽은 다음 날부터 곧바로 행동에 들어갔다.

고래처럼 큰 동물을 혼자서 콘크리트 수조에서 꺼내는 건 불가능했다. 당시 일부 동물들은 철망 하나로 바다와 분리된 채 수조에 갇혀 있었다. 릭은 펜치로 철망을 잘라냈다. 릭이 직접 포획했던 돌고래들은 그렇게 자유를 얻었다.

몇십 년이 지난 지금, 방법은 다르지만 릭은 그때의 결의로 싸움을 계속하고 있다. 직접 설립한 '돌핀 프로젝트' 협회와 함께 인도네시아 발리에 재활 센터를 열고 감금된 돌고래를 야생으로 돌려보내는 일이다. 센터는 바다에 특수하게 개조된 그물을 설치하여 돌고래가 해류를 느끼고, 물고기들과 이웃하며, 사람의 도움 없이도 자연에 적응하는 법을 천천히 배워 나가도록 돕는다. 갇혀 살던 동물을 하루아침에 바다로 돌려보낼 수는 없다. 그것은 곧 죽음을 의미하기 때문이다.

현재 릭의 센터에는 세 마리의 돌고래가 복귀를 위해 훈련 중이다. 조니, 람보, 록키는 관광객들이 돈을 내고 함께 수영하는 호텔 수영장에 갇혀 있었다. 감금 생활은 그들에게 흔적을 남겼다. 조니는 수영장 벽에 머리를 부딪쳐 이빨과 주둥이가 심하게 손상되었고, 록키는 수영장 물을 소독하는 독한 염소 때문에 한쪽 눈을 잃었다. 릭의 협회는 소유주와 협상하여 이 돌고래들을 지옥 같은 환경에서 구해냈다. 얼마 지나지 않아 돌고래들은 스스로 물고기를 잡아먹을 수 있게 되었다. 몇 달 뒤면 이들은 넓은 바다로 방생되어 완전한 자유를 찾게 될 것이다. 아직도 세계 곳곳에 갇혀 있는 수백 마리의 고래류들에게 한 줄기 희망과도 같은 소식이다. 우리의 즐거움을 위해 희생당하고 있는 다른 많은 생명들에게도 마찬가지로 희망의 소식이다.

베이비, 세상에서 가장 불행한 코끼리

동물 쇼에 자녀를 데리고 가는 부모를 질책할 생각은 없다. 나도 어릴 적 서커스를 보러 간 기억이 있다. 맹수, 코끼리 등 야생동물들의 서커스 공연에서 느꼈던 기쁨과 흥분을 아직도 잊지 못한다. 하지만 이 노예 상태의 '아티스트'들이 얼마나 끔찍한 환경에서 살고 있는지 그때는 알지 못했다. 최근 몇 년 동안 동물 순회 서커스의 문제에 대해 거듭 취재하면서 동물들이 겪는 비참함에 대해 알게 되었다. 사자, 코끼리, 원숭이 등의 서커스 동물들은 살아있는 시간의 대부분을 운송용 트럭이나 주차장에 임시로 설치한 비좁은 우리에 갇혀 비참하게 살아간다.

프랑스에서는 원보이스(One Voice)라는 단체가 서커스단의 일상을 기록하는 작업을 하고 있다. 활동가들은 몇 달 또는 몇 년 동안 서커스단을 쫓아다니며 수천 장의 사진과 동영상을 남겼다. 대중들에게 즐거움을 주기 위해 조련사와 프랑스 전역을 떠돌던 코끼리 베이비의 비극적인 운명도 이렇게 조명되었다. 코끼리 베이비는 파티에 임대되어 손님들을 즐겁게 해주는 일을 했다. 아가 때였던 1985년 아프리카에서 붙잡힌 뒤로 고향에서의 자유롭고 안정된 삶에서 단절된 채 15년 동안 트럭에 혼자 갇혀 지내야 했다.

▼원보이스(One Voice)
원보이스는 1995년 설립된 프랑스의 동물 보호 단체다. 동물실험, 사육, 사냥, 서커스, 수족관 등 동물을 학대하는 산업에 대한 조사와 캠페인을 진행하고 동물 구조 작업, 동물권 보호를 위한 법률 개정 요구 등의 활동을 벌이고 있다.

원보이스의 활동가들이 베이비를 추적하기 시작한 것은 2005년부터였다. 촬영된 영상에는 베이비가 주차장이나 공터에 주차한 대형 화물차의 세미트레일러에 실려 있는 모습이 담겨 있었다. 반쯤 열린 뒷문으로 고개를 내민 코끼리 베이비는 몇 시간 동안 코를 왼쪽에서 오른쪽으로 흔드는 동작을 반복하고 있었다. 좁은 공간에 갇힌

동물의 의미 없는 반복행동을 전문가들은 '스테레오타이피(상동
증)'라고 부르는데, 심리적 고통의 징후로 알려져 있다. 베이비는
쇼를 하는 겨우 몇 시간 동안만 감옥에서 벗어날 수 있었다. 하
지만 이 시간 동안에도 많은 관객들과 시끄러운 음악의 스트레
스에 시달려야 했다. 조련사는 공 굴리기, 눕기, 빙글빙글 돌기,
바닥에 무릎 꿇기, 발판 위에 서기 등 야생에서는 절대 하지 않
을 동작을 강요하며 코끼리에게 신체적 고통을 주었다.

2020년 4월, 프랑스의 로트에가론 주에서 베이비가 탄 트럭
이 흔들리는 모습을 담은 원보이스의 새 영상이 방송되었다. 여
론이 들끓었고 언론들은 이 영상을 반복 보도했다. 나흘 뒤에
여론의 압박을 받은 주 당국은 공무원을 현장에 파견하여 '긴
급조사'를 실시했다. 그러나 나흘이란 기간은 조련사가 베이비
를 대형트럭 바깥의 잔디밭에 내려놓기에 충분했다. 지방 감독
관들은 베이비가 "생리적 욕구를 충분히 만족시킬 수 있는 환
경에 있다"고 결론을 내렸다. 이런 식으로 법의 감시망을 벗어난
몇 주 뒤에 베이비는 다시 갇혀 있는 모습으로 발견되었다.

이런 종류의 이야기들은 너무나 흔하지만, 한 서커스단의 포
로가 된 마흔 살 코끼리 덤바의 이야기도 빼놓을 수 없다. 2021
년 1월의 어느 추운 아침, 협회는 가르 주의 무단 쓰레기장 근처
에 설치된 작은 야외 우리에 갇혀 있던 덤바를 촬영했다. 원보
이스 협회는 수의학 전문가에게 이 영상을 보여주고 의견을 구

했다.

"이 아시아 코끼리의 몸 상태는 아주 좋지 않습니다. 앞다리 통증을 나타내는 징후가 뚜렷해요. 앞다리를 번갈아 들어올렸다가 머리로부터 멀리 내뻗습니다. 머리에 보이는 마모 흔적으로 보아 코끼리가 자주 땅에 머리를 처박는다는 의심이 듭니다. 입을 많이 벌리는 것은 신체적 고통의 표현인 경우가 많아요."

2021년 5월, 주인은 이 코끼리를 독일의 한 상설 서커스단에 팔아넘겼다. 덤바는 여전히 착취당하고 있지만, 지금은 강제로 순회 여행을 다니는 대신 다른 코끼리들과 시간을 보내고 있다.

우리를 즐겁게 해주는 동물들의 열악한 생활환경이 고통스러운 죽음으로 이어지는 경우가 많다. 어느 비양심적인 조련사 부부가 소유했던 곰 미샤의 경우가 그렇다. 미샤는 프랑스 전역의 박람회장에서 유료로 전시되었다. 호흡기 질환과 만성 감염증으로 고통받던 곰은 원보이스 덕택에 주인에게서 강제 분리되어 치료 보호소로 보내졌다. 그러나 이미 상태가 심각했던 미샤는 수의사들의 노력에도 불구하고 몇 주 뒤에 사망했다.

슬픔의 서커스

앙드레-조제프 불리오네가 힘차게 내 손을 흔든다. 그를 만난 것은 2018년 4월이었다. 실내인데도 그는 인기가수처럼 선글라스로 얼굴을 가리고 있었다. 그는 최고의 서커스단에서 오랫동안 야생동물 조련사로 일을 하며 프랑스 전역을 순회했다. 많은 일을 했고 많은 것을 알게 된 그는 결국 서커스를 포기했다. 여전히 서커스 공연자로 활동하고 있지만 지금은 동물 없는 쇼만 공연하고 있다.

"광대와 마술 쇼를 하면서 마음의 불편함이 줄어들었습니다." 그가 웃으며 말한다. 몇몇 관객들이 던진 말이 그에게 많은 것을 생각하게 했다. "공연이 끝난 뒤 코끼리가 우리로 들어가는 모습이 마음 아팠다고 관객들이 말하더군요. 동물을 학대하려는 의도는 없었지만, 동물을 죄수처럼 가둬놓는 것은 어쨌든 좋은 대우가 아니잖아요. 이 사실을 깨닫고 나서는 더 이상 일을 계속할 수 없었습니다."

순회 서커스를 하다 보면 조직적인 동물 학대가 이루어지고 있음을 알 수 있다고 그는 말한다. 일부 서커스에서는 여기에 무지와 악의가 더해진다. 그는 운송 도중에 죽은 어린 기린의 예를 들려주었다. 트럭을 타고 가다가 기린의 튀어나온 머리가 교량에 부딪혔다. 그러나 사건은 업계 종사자들의 철저한 무관심 속에 묻혀 버렸다. 모두 소식을 알고 있었음에도 아무 일 없었다는 듯 서커스는 계속되었다. 끔찍한 환경에서 기린을 죽게 만든 주인은 다른 기린을 구입했는데, 그 기린도 똑같이 열악한 환경 속에서 죽었다.

그는 또 다른 이야기를 들려주었다. 어떤 주인은 우리 속의 사자를 절대로 사람들에게 보여주지 않는다는 것이다. 서커스를 구경하기 전에 동물을 보면 티켓을 구매하지 않을 거라는 이유에서였다. 이런 이유로 야생동물은 서커스 할 때를 빼고는 하루 종일 어두운 우리에 갇혀 있어야 했다. 이 전직 조련사는 동물들의 사육 상태를 점검받는 일은 매우 드물다고 말한다. 그의 경우 1년에 한 번 정도였고 때로는 2년 동안 한 번도 받지 않은 적도 있었다.

앙드레-조제는 내가 몰랐던 사실도 이야기해 주었다. 그에 따르면, 오늘날 서커스에서 만날 수 있는 아프리카코끼리는 모두 수십 년 전에 야생에서 포획된 것들이다. 그런데 어린 새끼를 얻는 과정에서 그 부모를 죽이거나 심지어 무리 전체를 죽이기도 한다는 것이었다. "관람객들은 어릴 적 눈앞에서 가족들이 몰살당하는 장면을 목격한 코끼리의 서커스 공연을 보며 박수를 치고 있는 겁니다. 이렇게 잡혀 온 아기 코끼리가 프랑스로 와서 길들여지고 판매되는 거지요. 예외 없이 다 그렇다고 보면 됩니다."

글로벌 착취 시스템

감금의 폭력에 훈련의 폭력이 더해진다. 아시아에서 휴가를 보내며 코끼리 투어 비용을 지불하는 관광객들은 배후에서 무슨 일이 벌어지고 있는지 잘 모른다. 현재 태국에서는 2천8백 마리의 코끼리들이 관광업자들에게 착취당하고 있다. 10년 사이에 1,110마리가 늘어난 숫자다.[27] 그만큼 수요가 폭발적으로 증가했다는 얘기다. 하루 종일 말뚝에 묶여 있는 이 커다란 동물의 등에 올라타고 방문객들은 사진을 찍는다. 가족에게는 기쁨과 놀라움의 순간이지만 코끼리에게는 고통의 나날들이다.

사람들이 올라타는 것을 받아들이고 복종하게 만들려면 먼저 '심리적 파괴'의 과정을 거쳐야 한다고 조련사들은 말한다. 코끼리가 관광객을 해치지 않게 하려면 이 방법밖에 없다는 것이다. 실제로 야생의 코끼리를 귀찮게 하거나 너무 가까이 다가가는 것은 위험한 행동이다. 몸무게가 3톤이 넘는 코끼리가 화가 나면 인간에게 치명적일 수 있기 때문이다. 태국의 코끼리는 탈것으로 이용되기 위해 어릴 때부터 혹독한 훈련을 받는다. 2018년부터 2020년까지 영국 세계동물보호협회(WAP)가 이 과정을 촬영했다. 훈련의 원칙은 인간에게 복종하지 않으면 처벌과 고통이 따른다는 사실을 동물들에게 이해시키는 것이다.

화상통화를 통해 캠페인 활동에 참여한 얀 슈미트-부르바흐의 설명을 들었다. "코끼리가

▼세계동물보호협회(WAP)
WAP(World Animal Protect)는 1981년 설립되어 운영되고 있는 국제 비영리 동물권 단체이다. 세계 동물의 권리 옹호와 동물 학대의 종식을 모토로 한다. 런던에 본부를 두고 있으며 아프리카, 아시아, 유럽, 라틴 아메리카, 북미 지역의 14개국에 사무소를 두고 있다.

아직 어리고 약할 때 시작해야 합니다. 먼저, 코끼리는 두 살이

되면 어미로부터 강제로 분리됩니다. 이것부터 어미와 아기 코끼리 모두에게 큰 충격입니다. 어미는 아기를 빼앗겼다는 생각에 며칠, 심지어는 몇 주를 울부짖습니다. 저희는 이런 시련을 네 번이나 겪은 한 어미를 촬영했습니다. 어미는 충격을 받고 매우 화가 나 있었어요. 어미와 분리된 아기코끼리는 움직일 수 없도록 기둥이나 특수 구조물에 쇠사슬과 밧줄로 묶여 있습니다. 보통은 눕는 것조차 허락되지 않아 매우 피곤하죠."

이렇게 며칠이 지나고 나서부터 폭력이 시작된다. 조련사들은 때리고, 소리 지르고, 고의로 부상을 입힌다. 갈고리로 이마를 긁어 피가 나게 하는 식이다. 코끼리는 이런 도구가 조련사의 팔의 연장선이며 고통을 의미한다는 걸 이해해야 한다. 그런 다음에 조련사는 아기 코끼리를 씻기고 돌봐준다. 그렇게 몇 시간 휴식을 취하고 나서 다시 같은 과정을 되풀이한다.

신체적, 정신적 고문은 며칠에 걸쳐 계속된다. 그런 다음에 조련사는 관광객들을 즐겁게 해주는 행동들을 코끼리에게 가르친다. 갈고리의 위협 속에서 어린 코끼리는 정해진 순서대로 움직이고, 물건을 집어 들고, 몸통으로 그림을 그리고, 뒷다리로 걷는 법을 배운다. "이것이 인간보다 훨씬 힘이 센 어른 코끼리를 통제할 수 있는 방법입니다. 그러고 나서야 코끼리는 인간을 등에 태울 수 있게 됩니다."

코끼리 관광은 매우 수익성이 높은 산업이다. 코끼리가 늙어서 더 이상 관광객을 태우지 못하게 되면 주인은 동물원에 팔아 넘긴다. 동물원은 관광객들에게 씻기기, 관찰하기, 돌보기 등의 체험활동을 제공하며 다시 코끼리를 돈벌이에 이용한다. 이 보호 활동은 겉으론 바람직해 보인다. 그러나 관광객들은 윤리적 활동에 참여한다고 생각하면서 실제로는 글로벌한 착취 시스템에 참여하게 되는 것이다. 이 시스템에는 '심리적 파괴'라는 폭력적인 단계가 반드시 포함된다.

많은 시설들이 고객을 끌기 위해 자신들을 '쉼터'라고 소개한다. 여기에 속지 않으려면 간단한 규칙만 기억하면 된다. 맹수나 코끼리와 같은 야생동물과 직접 접촉하거나 사진 촬영을 하는 대가로 돈을 요구하면 이곳은 동물을 보호하는 곳이 아닐 가능성이 높다.

프랑스 센 강변에 세워져 '쉼터'라고 소개가 된 '카레스 드 티그르(호랑이 안아주기)'라는 시설이 2019년 AVES(생명과 야생종을 위한 행동) 협회의 제보로 실체가 드러난 적이 있다. 주인은 서커스단에서 호랑이와 사자를 데

▼AVES
AVES(생명과 야생종을 위한 행동)은 야생 상태에 있거나 포획된 동물들을 보호하기 위해 2005년에 설립된 프랑스의 환경 단체이다. 100% 자원봉사자들로 구성된 팀에 의해 운영되고 있으며 현재 2천 명 이상의 유료회원을 보유하고 있다.

려와 평화로운 노후를 제공하고 있다고 주장했다. 하지만 실제로는 동물들을 번식시켜 새끼를 우리에 가두어놓고 돈벌이를

하고 있었다. 어린이를 포함한 방문객들이 몇십 유로를 내면 우리에 들어가 아기 동물들을 쓰다듬거나 함께 셀카를 찍거나 휘핑크림을 먹일 수 있었다. 일부 고객은 동물보호소를 돕겠다는 생각에 기부금까지 냈다.

활동가들은 관객 응대에 지친 새끼 사자들이 잠을 자고 싶어 배설대로 숨어드는 장면을 촬영해 보여주었다. 태어나자마자 어미에게서 떨어져 병으로 젖을 먹고 수백 명의 사람들에게 안겨 다녀야 하는 이 동물들은, 일부 야생의 본능을 간직하고 있다 하더라도 전적으로 인간에게 의존하는 존재가 되어 있었다. 더군다나 사고의 위험까지 있어, 먹이를 주려고 우리에 들어온 방문객을 문 5개월 된 암사자가 직원들에게 구타당하는 장면이 찍히기도 했다.

이 동물들이 성장해서 접근하기 너무 위험해지면 어떻게 할까? 대개는 서커스단이나 동물원으로 보내져 다른 방식으로 돈벌이에 이용된다. AVES 협회는 이 가짜 보호소를 고발했고 책임자들은 곧 재판을 받을 것이다. 어쩌면 동물들은 압수될 수도 있다.

물론 모든 상황이 암울하기만 한 것은 아니다. 팔려 다니거나 서커스에서 학대당했던 동물을 데려와 새로운 삶을 살게 해주는 진짜 야생동물 보호소도 있다. 이런 시설에서는 동물들의 안전을 위해 방문객들과 직접 접촉하는 일은 절대 허용하지 않는다.

정말로 야생동물을 보호하고 싶다면 야생동물과 거리를 두는 것이 필수적이다. 하지만 이런 사실을 모두에게 알리기란 쉽지 않다. 코끼리 등에 올라탄 자신과 아이들의 사진을 자랑하는 여성은 자신이 학대에 가담하고 있다곤 꿈에도 생각하지 않는다. 호랑이 옆에서 자랑스럽게 자세를 취하는 젊은 남성도 마찬가지이다. 수백만 명의 팔로워를 보유한 유명인들의 소셜 네트워크에서 이러한 사진을 자주 보는 것은 그리 놀랄 일이 아니다.

인플루언서의 책임

두바이에 본부를 둔 몇몇 프랑스 리얼리티 TV 인플루언서들이 아랍에리미트의 '사설 동물원'을 홍보하여 물의를 일으켰다. 이들은 원숭이나 치타를 줄에 묶어 산책시키거나, 말뚝에 묶인 커다란 사자 옆에 앉아 있기도 하고, 우리에 갇힌 곰에게 비스킷을 먹이거나, 입을 테이프로 묶은 악어를 쓰다듬기도 한다. 이런 행동을 하며 큰 소리로 웃고 떠들기까지 한다. 하지만 야생동물 감옥의 주인들이 하는 말은 늘 같다. "구조된 동물들의 피난처"라는 것이다.

그들은 어디에서 온 것일까? 누구에게 무엇으로부터 구조되었을까? 알 수 없지만, 한 가지 확실한 사실은 인플루언서들에게 '좋아요'와 함께 현금이 쏟아진다는 것이다. 더 큰 문제는 이런 사진과 동영상에 댓글이 달리고 수십만 회의 조회수가 찍힘으로써 대중들이 기회가 있을 때마다 같은 행동을 되풀이하도록 부추긴다는 것이다. 그리고 이는 무기와 마약에 이어 세계에서 세 번째로 수익성이 높은 불법 거래인 야생동물 밀매의 원인이 된다.

자연 상태에서 멸종 위기에 처한 동물들은 암시장에서 터무니없는 가격으로 거래된다. 세계자연기금(WWF)의 조사에 따르면 쇼나 셀카용으로 착취당하던 일부 호랑이들은 마피아 조직에 팔려 도살당한 뒤 다양한 제품으로 판매된다. 아시아에서 소위 약용으로 거래되는 호랑이의 부위로는 수염, 내장, 담즙, 눈, 뼈 등이 있으며, 가죽과 발톱도 매우 귀중한 상품으로 취급된다. 호랑이의 모든 것이 인기가 있어서 매년 124마리, 즉 일주일에 두 마리의 호랑이가 사라진다.

▼ 세계자연기금(WWF)
WWF(World Wide Fund for Nature)는 스위스 그란에 본부를 둔 세계 최대의 국제 자연보전 단체이다. 하나뿐인 지구의 자연환경을 보전하고 인간이 자연과 조화롭게 살아가는 미래를 만드는 것을 목표로, 생물 다양성을 보전하고 기후변화와 환경오염에 대한 문제의식을 고취하기 위해 힘쓰고 있다.

"불법 밀매는 호랑이 종을 위협하는 가장 큰 원인 중 하나입니다. 여러분도 자신도 모르게 밀매업자가 될 수 있습니다. 범죄 네트워크는 언제나 순진함이나 무지를 이용하니까요." 세계자연기금 프랑스 지부의 스테판 링게의 설명이다. 오늘날 야생에서 서식하는 호랑이는 4천 마리도 안 되지만 감금되어 있는 호랑이는 1만4천 마리에 이른다.

앞의 인플루언서들은 오락거리를 위한 야생동물의 착취에 어느 정도 책임이 있지만 순진하거나 무지해서 실수를 한 면도 있다. 그러나 그들과 계약을 맺고 비즈니스를 관리하는 전문 대행업체는 다르다. 이 회사들은 유명인의 영향력과 인기를 이용해 종종 낮은 품질의 제품을 고가에 판매하곤 한다.

2020년 나는 두바이에서 활동하는 리얼리티 TV 출연자 마농과 줄리앙 탄티 부부가 소위 '이국적'이라는 동물들을 촬영하여 인스타그램에 올린 것을 지적한 적이 있다. 그런데 며칠 뒤 이들의 리얼리티 TV를 관리하는 에이전시가 내게 자기 고객을 비난하는 소셜미디어의 게시물을 삭제하라는 통고장을 보내 왔다. 그렇지 않으면 명예 훼손으로 법적 조치를 취하겠다는 협박과 함께였다. 당연히 나는 응하지 않았고, 그 뒤로 아무런 후속 조치도 취해지지 않았다. 포획된 야생동물보다 금전적 이익을 우선하는 회사의 뻔뻔스러운 태도를 엿볼 수 있다.

몇 달 뒤, 프랑스의 한 유명 배우가 곰에게 마시멜로를 먹이는 모습을 촬영하여 인스타그램에 올렸다. 작은 트럭에 갇혀 조련사와 함께 전국을 돌며 쇼, 박람회, 영화 세트장에 전시되던 반달가슴곰 발랑탱은 수년 동안 동물 보호 단체의 주목을 받고 있었다. AVES 협회에 따르면 이 곰은 2018년 한 해에만 약 1만 7천 킬로미터를 이동했다. 배우는 대중들의 비판에도 불구하고 자신의 소셜네트워크를 통해 발랑탱이 "좋은 대우"를 받고 있으며 "일"을 하는 사이 휴식할 넓은 잔디밭도 있다고 주장했다. 그는 업자에게 수익을 안겨줌으로써 자신도 모르게 곰이 비좁은 공간에 갇혀 살도록 돕고 있다는 사실을 아직 깨닫지 못하고 있는 듯했다.

이제 쇼를 끝내야 할 때

내 휴대전화에 알림 표시와 함께 뉴스가 뜬다. 친구와 대화하며 흘끗거리던 화면에 몇 가지 단어들이 눈에 들어왔다. 나는 대화를 잠시 끊는다. 그리고 문장을 여러 번 다시 읽은 다음 기사를 클릭한다. 다시 새로운 메시지가 뜬다. 동물 보호 활동가들이 보내는 자축 문자다. 꿈이 아니라 사실이다! 2020년 9월 29일, 프랑스 생태전환부가 기자 회견을 통해 야생동물의 순회 서커스와 수족관의 고래류 사육을 점진적으로 금지할 것이라고 발표했다. 동물 보호 단체들이 수십 년 동안 벌여온 싸움의 하나였고, 나도 최근 몇 년 동안 이 싸움에 참여하고 있었다. 동물 복지 문제는 진전이 매우 더뎌서 이번 결정은 크나큰 승리처럼 느껴진다.

2021년 1월 29일 국회는 이 법안의 비준을 표결했고 11월에 의회에서 최종적으로 채택했다. 앞으로 7년 안에 맹수나 코끼리와 같은 야생동물들의 순회 서커스 공연은 금지된다. 그리고 2023년부터는 인공 번식을 중단해야 한다. 같은 해부터 야생동물은 더 이상 텔레비전 버라이어티쇼나 게임쇼에 출연할 수 없으며 곰과 늑대 쇼도 금지된다. 돌고래와 범고래의 경우, 4년 뒤부터 가두어 두고 돈벌이에 이용하는 것을 허용하지 않는다. 아스테릭스 동물원은 2021년 봄에 돌고래 수족관을 폐쇄하며 행동에 앞장섰다. "30년 전에는 받아들였던 것이 이제 더는 받아들여지지 않습니다." 수족관 트랙에서 만난 동물원 대변인 프랑수아 파시에는 이 조치에 환경의 뜻을 밝혔다. "만약 다시 허용되면요? 그래도 다시는 하지 않을 겁니다."

프랑스에서 더는 포획된 돌고래에게서 새끼가 태어나지 않을 것이며, 수영장에 갇혀 지내는 고래류도 사라질 것이다. 기쁜 일이다. 그러나 지금 갇혀 있는 돌고래들의 해피엔딩 계획은 없다. 아스테릭스 동물원의 돌고래들은 스웨덴이나 스페인 등 해외 돌고래 수족관으로 보내져 끝내 야생으로 돌아가지 못할 것이다. 펨케도 제외된다. 전에 방문했을 때 모르간 페리와 내 마음을 아프게 했던 이 암컷은 너무 쇠약해 운반이 어렵다는 판정을 받았다. 수의사들은 그녀를 안락사시키기로 결정했다. 평생 동안 감금당하고 고통받다가 결국 이런 식으로 자유를 찾게 되었다.

이 글을 쓰고 있는 지금도 프랑스 앙티브와 낭트 인근에서 돌고래 수족관이 운영되고 있다. 이들도 곧 고래류의 착취를 중단하게 될 것이다. 하지만 돌고래나 범고래가 아닌 다른 동물로 대체하여 영업을 계속할 수는 있다. 돌고래를 사육하지 않는 동물원은 이번 법 개정의 영향을 받지 않기 때문이다.

동물원의 동물들은 행복할까?

어렸을 때 부모님은 나와 여동생을 '씨장 아프리카 야생동물공원'에 데려가곤 했다. 프랑스 오드 주에 있는 300헥타르 규모의 이 사파리 공원에서 관광객들은 차에서 내리지 않고도 광활한 울타리 안에서 야생동물을 탐험한다. 차를 타고 다니며 아프리카에서 온 각종 야생동물들을 만날 수 있다. 프랑스를 떠나지 않고도 미니 사파리를 즐길 수 있는 것이다. 코뿔소, 사자, 기린을 가까이서 볼 수 있다는 사실에 한껏 설렜던 기억이 난다. 물론 그때까지 내 마음속에 감금이라는 개념은 없었다. 동물들은 자유를 누리고, 우리가 즐거운 만큼 그들도 행복할 거라고 상상했다. 부모님들은 비교적 넓은 공간이지만 동물들이 감금 상태에 있다는 걸 알고 계셨을 테지만, 어쨌든 우리를 기쁘게 해주고 싶었을 것이다.

이제 아빠가 된 나는 아이들에게 동화책에 나오는 동물들을 실제로 보여주는 것이 얼마나 멋진 일인지 안다. 하지만 나는 절대 내 아이들을 데리고 동물원에 가지 않을 생각이다. 왜냐고? 대부분의 프랑스 시설에서는 동물들에게 폭력을 행사하지 않지만, 내가 보기에 이윤을 목적으로 야생동물을 우리에 가두어 전시하는 것은 근본적으로 학대에 해당하기 때문이다. 나도 야생동물을 일시적으로 가두는 것에 반대하지는 않는다. 실제로 보호 단체들이 멸종 위기에 처한 동물들을 치료하거나 새끼를 낳아 번식시키기 위해 잠시 가둬두었다가 야생으로 돌려보내는 일도 많다. 하지만 동물원에서 사육당하는 거의 모든 동물의 단 하나의 영원히 대중에게 전시되는 것이다.

어린 시절 씨장 아프리카 야생동물 공원에 가본 뒤로 두어 번 정도 더 동물원에 갔었다. 첫 번째는 2010년대 초에 친구, 조카와 함께 파리 동물원에 간 것이었다. 동물원의 상황을 잘 몰랐던 그때도 좁은 공간에 기린이 너무 많은 것을 보고 놀랐던 기억이 난다. 두 번째는 이 책을 쓰기 몇 달 전이었다. 방문한 이유는 동물의 포획과 감금에 대한 내 견해를 다시 정리하고 싶

▼보발 동물원(ZooParc de Beauval)
유럽에서 가장 많은 동물들을 보유하고 최대 시설을 갖춘 동물원으로 프랑스 중부의 상트르발드루아르 주에 있다. 1980년 프랑수아즈 들로르가 설립한 이 동물원은 지분의 대부분을 소유한 가족이 관리하고 있다.

어서였다. 프랑스에서 가장 큰 보발 동물원의 원장 로돌프 들로르가 나를 직접 맞아주었다.

이곳은 수천 마리의 동물이 수용된, 세계에서 가장 현대적인 시설을 갖춘 동물원 중 하나다. 들어서면서부터 세계에서 가장 '훌륭한' 동물원이라는 걸 느낄 수 있었다. 저 유명한 판다를 비롯해 새끼 사자, 원숭이, 파충류, 하마, 코끼리를 보려고 매년 약

150만 명의 방문객이 이곳을 찾는다. 화창한 봄날, 내가 입장 게이트를 통과했을 때에도 이미 1만7천 명 정도의 관람객이 들어와 있었다. 일인당 약 30유로를 지불한 가족 관람객들은 스마트폰과 카메라를 손에 들고 신기한 동물들을 사진에 담거나 셀카를 찍으려고 울타리 주위에 몰려든다. 아이들은 바로 눈앞의 유리 벽 뒤에서 하마가 샐러드를 먹어치우는 모습을 보며 탄성을 지른다.

보발 동물원은 대부분의 우리, 철창, 울타리를 없애는 대신 수로를 파고 커다란 나무 울타리나 대형 투명 유리 벽을 설치했다. 동물원장은 시각적으로 감금을 연상시키는 소재를 '되도록' 피하려 한다고 말했다. 사실 그는 '감금'이라는 단어보다는 '통제된 환경'이라는 용어를 좋아한다. 재규어와 일부 조류처럼 여전히 비좁은 공간에서 생활하는 동물도 있지만, 대부분은 다른 동물원보다 널찍한 공간을 누리고 있다. "동물원이고 동물들이 갇혀 있는 것은 사실이지만, 동물들이 최대한 편안하게 지내도록 하려고 한다"면서 그는 사자들이 햇볕을 쬐며 잠잘 수 있게 마련된 공간을 보여주었다.

그의 주장을 의심할 필요는 없을 것 같다. 열정과 전문성을 가진 수십 명의 사육사와 수의사들이 무대 뒤에서 자기 역할을 다하고 있으니 말이다. 하지만 아무리 유능한 직원들과 넓고 현대적인 사육장이 있어도, 여전히 자연 서식지보다 훨씬 좁은 공간에서 야생 생물들이 평생 갇혀 지내고 있다는 사실에는 변함이 없다. 그럼에도 불구하고 동물원들은 광고를 통해 부담 없이 동물원을 방문하라고 사람들을 안심시킨다. 그러면 이런 주장이 어디까지 사실일지 세 가지 핵심 주제를 가지고 따져 보도록 하자.

1. 동물원에서 동물들은 행복하다?

자연은 무자비하다. 포식자는 먹이를 사냥하고, 먹잇감은 언제든 잡아먹힐 위험 속에 있다. 바이러스와 박테리아가 창궐해 조금만 다쳐도 감염과 사망으로 이어질 수 있으며, 가뭄이 세계 곳곳을 강타하고 식량 자원이 고갈되어 먹을 것과 마실 것이 남아 있지 않다. 밀렵꾼들은 야생동물들을 마구 죽이고, 강은 오염되고, 숲은 황폐해지고… 한 마디로 동물들의 자연 서식지는 피비린내 나는 전쟁터다. 그렇다면 포식자로부터 안전하고, 조금만 다쳐도 수의사의 보살핌을 받을 수 있으며, 밀렵꾼으로부터도 보호받는 동물원이 동물들에게는 더없이 좋은 환경이 아닐까? 동물원 측의 말대로라면, 야생동물들은 동물원에서 감금으로 고통받고 있는 것이 아니라 우리 속에서 평화롭고 행복한 삶을 누리고 있는 것이다.

하지만 현실은 분명 이와 차이가 있다. 대부분의 포유류가 야생에서보다 동물원에서 오래 사는 것은 사실이다. 〈사이언티픽

리포트〉 저널에 실린 한 유럽 연구팀의 조사에 따르면, 연구 대상 59종 중 84%가 사육장에서 더 오래 사는 것으로 나타났다. 예를 들어 사자는 사바나에서 13년을 사는 데 비해 동물원에서는 평균 19년을 생존한다. 반대로 코끼리, 고래류, 영장류 등 일부 종은 사육장에서보다 야생에서 더 오래 사는 것으로 보고되었다. 하지만 동물원에서 보내는 세월과 야생에서 보내는 세월은 전혀 같지 않다.

동물은 자신들이 진화한 생태계 안에서 신체적, 지적, 사회적 능력을 발휘하고, 모든 생리적 욕구를 충족시키도록 되어 있다. 태어난 곳과는 다른 환경에서 갇힌 채 살아가는 동물의 생존은 매 순간 제약을 받는다. 자연에서는 자유롭게 형성되는 사회집단이 사육 환경에서는 인위적으로 형성된다. 본래 동물은 포획된 상태에서 동료를 선택하거나, 전 세계 동물원을 떠돌기 위해 새끼나 동료와 헤어지지 않는다.

아무리 울타리가 넓다 해도 그들의 움직임은 좁은 영역에 한정될 수밖에 없다. 서커스 동물들에게서 보았듯이, 동물원에도 이유 없는 반복행동을 계속하는 개체들이 많은데, 이것도 심리적 고통의 신호로 볼 수 있다. 동물 보호 협회에서 촬영한 많은 동영상에서 동물들의 이런 행동을 볼 수 있다. 프랑스 로렌 지방의 암네빌 동물원에서는 유리 벽에 갇힌 북극곰이 기계적으로 고개를 좌우로 흔드는 장면이 촬영되었다. 샤랑트-마리팀 주의 라 팔미르 동물원에서도 같은 종의 북극곰 한 쌍이 욕조를 따라 끊임없이 왔다 갔다 하는 모습이 포착되었다. 그밖에도, 암 네빌 공원의 새 우리에 설치된 작은 나뭇가지 위에서 앵무새가 똑같은 동작을 되풀이하는 등 비슷한 행동을 보이는 다른 동물 들의 영상도 수십 개를 발견할 수 있다.

내가 보발 동물원을 방문했을 때엔 이런 행동을 하는 동물을 보지 못했다. 하지만 2017년에 페타(PeTA) 협회가 보발동물원 에서 우리 창문 앞에서 빙글빙 글 도는 불곰을 촬영한 적이 있 다. 이 동물원도 다른 모든 동 물원과 마찬가지로 일반인이 동 물을 관찰할 수 있도록 우리를 설계했다. 안락함보다는 전시가 우선이다. 나무나 각종 시설물 로 꾸며져 있어도 인공 '서식지'

▼ 페타(PeTA)
PeTA(People for the Ethical Treatment of Animals)는 "동물을 인도적으로 대 우하는 사람들"이라는 뜻으로, 1980년 설립되어 전 세계에서 약 2백만 명의 회원이 활동하고 있다. 동물도 인간이 누리는 것과 같은 권리가 있다고 주장 하며, "동물은 먹기 위한, 입기 위한, 실 험하기 위한, 오락을 위한 수단이 아니 다"라는 구호와 함께 다양한 활동을 벌 이고 있다.

에서 많은 사람들과 접촉해야 하는 건 피할 수 없다. "우리 동 물들은 눈에 띄지 않는 곳에서 휴식을 취할 수 있습니다. 물론 관람객들이 동물을 볼 수 있어야 하지만요." 보발 동물원장의 말이다.

2020년 코로나19 팬데믹이 시작되었을 때 홍콩의 동물원에 서 놀라운 일이 벌어졌다. 사육사들이 필사적으로 노력했음에도 10년 동안 짝짓기를 하지 않았던 판다 잉잉과 레레 부부가 임신에 성공한 것이다. 동물원은 코로나바이러스 때문에 몇 주 전부터 동물원이 방문객의 출입을 통제하고 있었다. 인파, 소음, 스트레스가 사라지자 두 판다는 성욕을 되찾은 것이다. 이것이 정말 우연일까?

감금뿐 아니라 동물원에서 행해지는 일부 관행들은 윤리적 문제를 불러일으킨다. 그물이 없는 공간에 풀어 놓아도 새들은 날아가지 않는다. 왜일까? 답은 간단하다. 날개나 깃털의 일부가 잘려나갔기 때문이다. 그래서 새들은 날 수 없는 것이다. 보발 동물원 입구의 야외 우리에 있는 핑크 플라밍고가 이런 경우다. 로돌프 들로르는 새들이 탈출하지 못하도록 깃털을 일부 잘라냈다고 고백한다. 그는 더 이상 새들의 깃털을 훼손하지 않도록 곧 거대한 우리를 마련할 것을 약속했다.

마지막으로 포획 상태에서 일어나는 사고가 있다. 이 장을 쓰는 동안 암네빌 동물원의 수컷 기린 쥐마니가 사료통에 머리가 끼어 질식사했다. 관람객들이 고통스러워하는 기린을 발견하고 협회에 알렸다. 자연스러운 행위를 박탈당하고, 평생 갇혀 지내야 하고, 가족이나 동료들과 떨어져야 하고, 때로는 다치거나 죽임을 당하는 동물원의 삶은 보호자들의 주장과 달리 결코 평화롭지 못하다.

2. 동물원은 멸종 위기에 처한 종을 보호해 준다?

야생동물들을 가두는 것을 정당화하기 위해 주로 사용하는 논리다. 그들은 동물원이 멸종 위기에 처한 동물을 수용하고 보호해주는 노아의 방주와 같다고 말한다. 하지만 현실은 그들의 말과 다르다.

먼저, 이국적인 동물들을 약탈했던 동물원의 역사를 돌아볼 필요가 있다. 자연 서식지가 지금처럼 훼손되지 않았던 수십 년 전에도 동물원들은 세계 각 대륙에서 수많은 야생동물을 잡아들였다.

오늘날 공원에서 보는 동물들은 모두 자유를 빼앗기고 고향에서 멀리 떨어진 채 갇혀 살아야 했던 동물들의 후손이다. 다행히 지금 대부분의 나라에서는 야생동물을 포획해 동물원에 가두는 행위를 금지하고 있다. 관람객들이 환호하는 사자, 바다사자, 원숭이는 거의 모두 갇힌 상태에서 태어났다.

이런 자랑스럽지 못한 과거를 인정하는 동물원들이 이제는 '보존'이라는 명분을 내세워, 동물원의 임무는 자연환경 안에서 동물을 보호하고(현지 내 보존), 동물원 번식으로 멸종 위기에 처한 종의 생존을 보장하는(현지 외 보존) 것이라고 선전한다. 물론 동물원의 이런 긍정적인 면을 모조리 부정할 필요는 없다. 이 모두 현실적으로 필요한 행동들이고, 실제로 동물원들은 수많은 보존 프로그램에 재정적으로 기여하기도 한다.

보발 동물원을 방문하면 로돌프 들로르가 의장을 맡아 멸종 위기종 보호에 힘쓰고 있는 비영리 단체 '보발 네이처(Beauval Nature)'의 홍보 표지판을 지나치게 된다. 이 단체는 2020년에 브라질 재규어, 나미비아 기린, 안데스 콘도르, 마다가스카르 여우원숭이, 콩고 침팬지, 네팔 레서판다 등을 보호하는 활동에 자금을 지원했다. 2020년에 총 73만6천 유로(약 10억 원)를 지원했으며, 2019년에는 64만 유로, 2018년에는 64만4천 유로를 지원했다. 이 3년 동안 보발 네이처는 연구 프로그램에도 38만6천 유로를 지원했다. 꽤 많은 금액이다. 하지만 이 자금은 어디에서 나오는 걸까? 보발 네이처의 활동 보고서를 보면 알 수 있다. 잠깐 시간을 내서 자세히 수치를 살펴보도록 하자.

2020년에 보발 네이처는 약 1백만 유로(약 14억 원)의 수익을 냈다. 이 중 3분의 1 정도의 금액이 보발 동물원의 직접 기부 또는 현물 기부에서 나왔다. 나머지 3분의 2는 동물원이 아닌 기업 후원금 또는 동물원 근처 지폐나 동전을 넣는 저금통에서 나온 개인 기부금이다. 2019년과 2018년에도 협회 자금의 대부분은 개인과 다른 기업으로부터 나왔다. 2018년 동물원의 기부금도 자연 기부금 132,632유로(약 1억8천만 원), 즉 공원 직원이 협회에 '무상으로' 제공한 현물 및 봉사로 충당되었다. 회사가 직접 기부한 금액은 없다.

요약하자면, 2018년부터 2020년까지 3년 동안 동물원은 보발 네이처가 지원하는 보존 및 연구 프로그램에 808,544유로(약 11억 원)를 기부했으며, 비동물원 기업 및 개인은 2,367,756유로(약 33억 원)를 기부했다.

기업홍보의 교과서적인 사례다. 자연환경에서 종을 보호하는 선구적 동물원으로 소개되고 있지만, 사실 보발 네이처는 동물원과는 관계없이 시민과 기업들의 지원금으로 운영되고 있다. 보발 네이처는 어쩌면 다른 협회에 기부될 수도 있었던 기업과 개인들의 자선금을 받아들이는 역할만 했을 뿐이다. 하지만 이것은 또 맞는 이야기일까? 솔직히 말하자면 아닐 수도 있다. 확실한 것은 겉으로 내세우는 명분과 달리 멸종위기종 보호가 동물원의 주요 임무가 아니라는 사실이다. 이를 평가하려면 동물 보호에 대한 기여도를 막대한 금액의 동물원 재정과 연결해 이해할 필요가 있다.

인터넷에 공개되어 있고 동물원장도 인정한 수치에 따르면, 보발 동물원은 2018년에 약 6천만 유로(약 840억 원), 2019년에는 6천6백만 유로, 2020년에는 6천4백만 유로의 매출을 올렸다. 동물원장에 따르면, 동물원의 순이익은 5%에서 10% 사이를 오간다. 즉 매년 최소 350만 유로(약 4억9천만 원), 3년 동안 1천만 유로(약 14억 원) 이상의 수익을 올린 것이다. 하지만 동물원의 보존에 대한 기여는 재정의 아주 작은 부분만을 차지한다. 동물원은 2018년부터 2020년까지 멸종위기종 보호를 위해 808,544유로(약 11억 원)를 쓴 반면, 2008년부터 4천2백만 유로(약 588억 원)를 투자하여 4개의 호텔을 신축했고 4천만 유로를 투자하여 열 대 종을 수용하는 거대한 유리 돔을 건설하는 등 방문객들에게 "특별한 경험"을 제공하고 있다. 스키 리조트와 비슷한 케이블카로 동물원 양쪽 끝을 연결하고 울타리 위를 지나다니도록 건설하기도 했다. 다른 공원도 규모는 작지만 영업비용이 보존을 위한 비용보다 규모에서 훨씬 크다. 여러분도 잘 알다시피, 멸종 위기에 처한 종을 자연환경에서 보호하는 일은 동물원의 우선순위와 거리가 멀다. 동물원은 자유를 박탈당한 야생동물을 전시하여 돈을 버는 것이 최우선 목표인 사업체이기 때문이다.

동물원 측의 또 다른 주장은 자연환경이 급속히 나빠지고 야생동물에 가해지는 위협이 커지는 상황에서 동물원들이 멸종 위기에 처한 종들의 연속성을 보장하는 '노아의 방주' 역할을 한다는 것이다. 그런데 이런 홍보 내용은 현실과 거리가 멀다.

▼ 국제자연보전연맹 (IUCN)

IUCN(International Union for Conservation of Nature and Nature Resources)은 전 세계 자원 및 자연 보호를 위하여 유엔의 지원을 받아 1948년에 국제기구로 설립되었다. 지금은 1천1백 개 이상의 정부 기관 및 NGO들이 참여한 연합체 형태로 발전하여 세계 최대 규모의 환경 단체가 되었다. 자원과 자연의 관리 및 동식물 멸종 방지를 위한 국제간의 협력 증진을 도모하고, 야생동물과 야생식물의 서식지나 자생지 등의 자연을 보호하기 위해 자연 보호 전략을 마련하여 회원국에 배포하고 있다. IUCN은 멸종 위기에 있는 종의 보전 상태를 평가하는 적색 목록(Red List)을 발표하고 있는데, 이는 생물 다양성의 상태에 관한 국제적 권위를 지닌 지표로 인정받고 있다.

프랑스동물원협회에 따르면 프랑스의 동물원에는 약 7만 5천 마리의 척추동물이 있다. 국제자연보전연맹(IUCN)은 이들 중 포유류의 28%, 양서류의 32%, 조류의 16%, 파충류의 15% 만 '멸종위기종'으로 분류하고 있다. 보발 동물원에 있는 744종 중에서는 178종만 멸종 위기종(IUCN 분류상 '위급', '위기', '심각한 위협')에 해당한다. 나머지 566종은 그렇지 않다는 뜻이다. 지금 방문객들이 구경하러 오는 종의 80%는 자연환경에서 사라질 위험이 없는 것들이다. 보존을 위해서라면 이들을 가둬두어야 할 필요가 전혀 없다. 하지만 보발 동물원의 우리 안에는 너구리처럼 야생에서 개체 수 과잉으로 간주하는 '침입종'도 포함되어 있다.

흰 호랑이의 비밀

방문했을 때 한 우리 앞에는 유난히 많은 인파가 몰려 있었다. 가족들이 창가로 다가가 사진을 찍으려고 법석을 떨었다. 어떤 동물이 그렇게 인기가 높을까? 백호 때문이라고 로돌프 들로르 동물원장은 설명한다. 실제로 한 마리가 바위 위에서 낮잠을 자고 있다. 1991년, 프랑스 최초로 백호를 들여온 덕분에 동물원은 대중들의 큰 인기를 얻게 되었다. 플로리다에 있는 사육 농장에서 구입했다는 것이 로돌프의 설명이다. "덕분에 당시 동물원 방문객 수가 두 배로 늘었고, 오늘날의 보발 동물원을 만들 수 있는 재원을 마련할 수 있었습니다. 그 뒤로도 동물원에서 많은 백호들이 태어났죠."

광고 홍보는 많은 고객을 유치할 수 있는 지름길이다. 그러나 보존을 광고하는 것은 말도 안 되는 소리다. 현재 갇혀 있는 모든 백호는 1950년대 인도에서 포획된 모한이라는 수컷의 후손으로, 유전적 돌연변이 때문에 흰 털을 갖게 되었다. 모한의 주인이었던 마하라자(왕)는 그를 정상적인 색의 호랑이와 짝짓기를 시켰는데, 이 교배로 태어난 새끼 호랑이가 모두 흰색이었다. 호랑이의 아름다움을 높이 평가한 마하라자는 모한을 딸과 근친 교배시키기로 결정했다. 그 결과 네 마리의 새끼 호랑이 모두 흰 털을 가지고 태어났다.

그 뒤로 동물원에서는 자연 상태에서는 더 이상 나올 수 없는 혈통을 이어나가기 위해 근친 교배를 계속했다. 동물들은 사시, 척추 측만, 면역 결핍, 정신 장애, 매우 높은 유아 사망률 등 심각한 건강 문제를 겪으며 그 대가를 치르고 있다. 동물원에서 근친 교배된 백호들과 그 후손들은 어설픈 마법사의 노릇을 하려던 인간들이 만들어낸 결과물이다. 이제 백호는 절대 야생으로 되돌아갈 수 없다.

어떤 동물원도 이를 반박하지 못할 것이다. 하지만 동물원의 사이트는 백호가 유전적 특성으로 "숲속 위장"을 할 수 없기 때문에 "먹잇감들의 눈에 쉽게 띄고" "기대 수명이 매우 짧다"고 설명한다. 동물원에 백호가 있다는 사실 자체가 동물 보존 메시지의 신뢰성을 떨어뜨린다는 걸 알고 있는 로돌프 들로르는 그래서 백호 번식을 중단하기로 결정했다. 이미 보발 동물원은 근친 교배된 이 동물 종을 통해 많은 돈을 벌었다. 그럼에도 불구하고 다른 동물원들은 백호의 번식을 계속할 것이다.

그렇다면 멸종 위기에 처한 동물의 경우는 어떨까? 동물원을 옹호하는 사람들은 "고릴라가 야생에서 사라지더라도 동물원 덕분에 여전히 존재할 수 있을 것"이라고 주장한다. 물론 그럴 수 있다. 하지만 그래서 좋은 점이 뭘까? 고릴라가 멸종하는 것은 돌이킬 수 없을 만큼 서식지가 파괴되었기 때문이다. 동물 개체를 동물원에 가두는 것은 장기적으로 야생으로의 복귀가 가능할 때에만 의미가 있다. 그러나 자연스러운 본성을 표출하지 못하도록 울타리에 가두고 전시하는 것은 이들이 자연으로 되돌아갈 기회를 박탈하는 것이다. 갇힌 상태에서 태어난 야생 동물의 방생이 어렵다는 건 동물원들도 인정한다. 많은 종, 특히 사냥을 배운 적이 없는 맹수들은 야생으로 돌아가는 것이 거의 불가능하다.

방생이 가능하더라도 일부 시설에서는 이를 반대한다. 2019년에 나는 브르타뉴 지방에 있는 퐁스코르프 동물원을 보호지역으로 바꾸고 일부 동물들을 방생하는 일을 하는 리와일드 (Rewild)라는 단체의 모금을 지원한 적이 있다. 내부 갈등과 재정 부족 때문에 결국 계획은 2년 만에 수포로 돌아갔지만, 문을 닫기 전 이 단체는 흥미로운 프로젝트를 완수했다. 유럽의 여러 동물원을 전전하던 세이셸공화국에서 온 60세 정도의 거북 두 마리가 햇살 가득한 인도양으로 돌아가게 된 것이다! 모든 준비가 끝나 있었고, 공화국 당국의 요청에 따라 운송 허가만 떨어지면 되는 상태였다. 그러나 마지막 순간에 거북이를 '대여'했던 이탈리아 동물원이 퐁스코프 동물원을 상대로 동물을 돌려달라는 긴급 소송을 제기했다! 자연 서식지로 돌아갈 모든 준비가 되어 있던 이 파충류들은 결국 이탈리아의 감옥으로 돌아가야 했다. 동물원의 이해관계가 동물들의 이해관계보다 먼저임을 보여준 사건이라고 할 수 있다.

마지막으로 우리의 크기와 관련한 얘기를 해 보겠다. 멸종위기종이 수용 면적보다 많이 번식하면 동물원들은 개체수 과잉을 어떻게 관리할까? 방법은 '잉여' 동물들을 안락사시키는 것이다. 2014년, 건강했던 기린 마리우스의 사례는 전 유럽을 충격에 빠뜨렸다. 마리우스가 있던 코펜하겐 동물원에서는 유럽 공원 내 기린들의 근친 교배를 막기 위해 마리우스를 죽이기로 결정했다. 거세할 수도 있었지만, 마리우스가 너무 커 공간도 많이 차지할뿐더러 비용도 많이 들었다. 어쨌든, 동물원 측은 관람객들이 보는 앞에서 마리우스를 해부하는 공개 부검을 실시했고 마리우스는 사람들 앞에서 해체되었다. 몇 주 뒤, 이 동물원은 건강한 어른 사자 두 마리와 생후 10개월 된 새끼 사자 두 마리를 안락사시켰다. 불임 수술 대신 다른 동물원과 유전자를 교환할 가능성이 없는 잉여 동물을 처치하는 방법을 다시 선택한 것이다.

2021년 11월, 영국 신문 〈가디언〉은 유럽동물원및수족관협회(EAZA)의 내부 문서를 공개했다. 이 기관은 야생에서는 심각한 멸종 위기지만 사육장에서는 잘 번식하는 서부 평원 고릴라의 개체수 과잉을 해결하는 방법으로 안락사를 계획했다. 내부 문서에는 대중들의 반대가 있겠지만, 이것이 과잉 개체를 개체를 피하는 '가장 적절한 수단'이라고 적혀 있었다. 고릴라가 특정 나이에 이르면 폭력의 위험 때문에 수컷만으로 이루어진 그룹에서는 더 이상 키울 수 없다. 새끼를 수용할 우리가 없기 때문에 암컷과 함께 지내는 것도 불가능하다. 결국 남는 방법은 고릴라를 거세하여 자연사할 때까지 기르거나 안락사시키는 것뿐이다. 300개 이상의 유럽 동물원 통합 단체인 EAZA는 두 번째 선택 쪽으로 기울고 있다. 이 얼마나 이상한 노아의 방주인가?

영장류학자이자 이스트앵글리아대학의 진화생물학 교수인 벤 개러드 박사는 〈가디언〉[28]의 기사에서 다음과 같이 반문했다. "결국 도살되어야 할 고릴라를 동물원에서는 왜 그렇게 많이 사육할까요? 고릴라라는 동물은 사회적이고 예민하며 문화를 누릴 줄도 압니다. 우리는 그들을 재고품처럼 취급할 권리가 없습니다." 보발 동물원 측은 이런 '관리 안락사'에 반대한다고 말하지만, 다른 동물원에서는 이런 관행이 일반적이다.

3. 동물원 덕분에 대중이 야생동물을 더 잘 이해하고 사랑할 수 있다?

동물원에 전시된 사자가 사바나로 돌아갈 가능성이 없다면 사자를 가둬두는 일은 무슨 의미가 있을까? 동물원에는 이 질문에 답할 수 있는 마지막 비밀 무기가 있다. 지하철이나 길거리에서 다양한 방식으로 광고 캠페인에 활용되는 '애정'이다. "동물에 대한 애정"은 동물원을 소개하는 포스터에 자주 사용되는 슬로건이다. 대중은 동물원을 방문함으로써 야생동물에 대해 알고 사랑하는 법을 배울 수 있다. 이론적으로 이런 사랑은 생물 다양성 보존을 위한 긍정적인 행동으로 이어질 수 있다. 세계동물원및수족관협회(WAZA)는 '동물원과 수족관을 위한 동물 보존 전략'이라는 제목의 책자에서 이렇게 기술하고 있다. "동물원은 동물과 관람객 사이에 존재하는 특별한 정서적 유대감을 활용하여 학습 기회를 제공하는 곳입니다. […] 동물원은 야생동물에 가해지는 위협을 알리고, 긍정적인 환경 행동을 고양, 참여, 안내할 수 있는 적절한 장소를 제공함으로써 방문객의 마음과 생각을 열 수 있습니다."

협회의 공식적인 설명이다. 물론 동물 우리 앞에 설치된 안내판을 통해 특정 동물종에 대해 많은 것을 배울 수 있다. 이 새의 기대 수명과 좋아하는 먹이, 이 영양의 달리기 속도, 이 영장류의 집단생활 등등⋯⋯. 그러나 이것은 책이나 다큐멘터리, 인터넷을 통하면 훨씬 더 자세한 정보를 찾을 수 있는 내용들이다. 반면, 유리 뒤에 갇힌 야생동물을 관찰하여 우리가 배울 수 있는 것은 아무것도 없다. 이 동물들은 더 이상 우리가 생각하는 그 동물이 아니기 때문이다. 이들의 서식지는 인공적으로 변형되었으며 울타리에 둘러싸여 있다. 다른 동물과의 관계나 만남은 불가능하지는 않아도 매우 제한되어 있다. 이들의 환경은 전적으로 인간에 의해 통제된다. 야생동물은 사냥을 하지 않고 하루 종일 같은 자리를 맴돈다. 곰과 스라소니는 침입자를 물리치거나 암컷을 만나기 위해 영역을 배회하지 않으며 침팬지는 숲을 탐험하지 않는다.

사육되는 동물을 관찰해도 우리는 그 동물이 자유로운 환경에서 어떻게 살아가는지 알 수 없다. 그들의 복잡한 행동이나 인지능력, 성격 등도 파악할 수 없다. 미국의 작가이자 환경 운동가인 데릭 젠슨은 동물원이 동물에 대한 인간의 지배력을 보여주는 상징물이자 무대일 뿐이라고 말한다. 동물원은 축소된 세상에서 인간이 신을 연기하는 곳이다. "동물원에서 당신은 동물을 통제할 권한을 가지고 있다. 사람은 마음대로 오고 갈 수 있지만 동물은 그렇지 않다. 그들의 권한은 당신이나 당신과 같은 사람들의 자비에 맡겨진다. 당신의 처분에 맡겨진다는 얘기다. 자연 속 생물은 존재 자체를 목적으로 그곳에 존재한다. 그들은 당신의 통제를 받기 위해 존재하는 것이 아니다. 그들도 당신처럼 오고 싶으면 오고 가고 싶으면 갈 자유가 있다. 어느 쪽도 상대방을 마음대로 할 수 없다."[29] (데릭 젠슨, 『동물원, 감금 생활의 악몽』)

물론, 우리는 우리가 관찰하는 동물에 대해 감정, 공감 또는 애착을 느낄 수 있다. 그러나 우리가 이렇게 애정을 기울이는 생물체는 자연환경에서 자유롭게 살고 있는 동물들과는 아무런 상관이 없다. 더구나 그들은 요구한 적도 없는 '사랑'의 대가를 치르고 있다. 그런데 이런 감정이 어떻게 방문자들에게 생물 다양성에 대한 약속을 이끌어낸다는 말인가?

환경에 대한 대중의 인식을 높이기 위해 보발 동물원 안에 마련한 공간에는 방문객이 거의 없다. 방문객들은 코끼리, 판다, 재규어를 보고 사진을 찍기 위해 울타리 앞으로 몰려들 뿐이다. 원시림 보호를 호소하는 부스를 찾는 방문객은 훨씬 적다. 로돌프 들로르도 "사람들이 이곳에 오는 주된 이유는 동물을 만나기 위해서"라고 인정한다. 하지만 상호 동의가 없는 상태에서의 만남을 과연 만남이라고 할 수 있을까?

시 셰퍼드의 프랑스 협회장 람야 에셈랄리는 앞의 데릭 젠슨의 책 서문에서 "이것이 동물원 문제의 처음이자 끝"이라고 쓰고 있다.[30] "동물원은 야생동물과 인간의 관계를 단절시키며, 관람객의 의도와 달리 야생동물을 소비와 지배의 대상으로 만든다. 야생을 가두는 것은 야생을 변질시키는 것이다. 야생동물을 손

▼시 세퍼드 보호협회(SSCS)
SSCS(Sea Shepherd Conservation Society)는 해양 생물 보호를 위한 직접적 행동을 내세우는 국제 비영리 조직이다. 본부는 미국 워싱턴 주에 있다. 이 단체는 포경선을 들이받거나 침몰시키는 등 과격한 행동으로 알려져 있으며 1980년에는 포경선 시에라호를 침몰시켰고, 2019년에 일본의 포경 활동을 저지하기도 했다.

에 넣는 순간 야생동물은 더 이상 존재하지 않게 된다. 돌고래는 자유로울 때에 가장 매혹적이며 우릴 꿈꾸게 만든다. 그래서 바다 수면에 떠오른 돌고래의 지느러미나 나무숲 뒤로 언뜻 비친 여우의 붉은 머리가 수영장에서 묘기를 부리는 돌고래나 울타리 안을 배회하는 여우보다 훨씬 마법 같은 존재이다."

내가 좋아하는 〈헤고악〉이라는 바스크어 시 한 편이 이런 생각을 아주 잘 요약하고 있다. 바스크어로 '날개'라는 뜻의 〈헤고악〉은 인기 있는 축제에서 자주 부르는 노래이다.

내가 그의 날개를 잘랐더라면
그는 내 것이었을 테고
그는 날아가지 않았을 것이다
하지만 그때부터

그는 더 이상 새가 아니었을 것이다

내가 사랑했던 것은 바로 그 새였기 때문에

포획은 야생의 기본이며 가장 중요한 요소인 자유를 파괴하는 행위다. 내가 방문한 보발 동물원의 로돌프 들로르는 나의 이런 질문에 누구나 자연 서식지의 코끼리를 보기 위해 사파리로 떠날 수 있는 것은 아니라면서, 일반 대중도 자연이 얼마나 아름답고도 취약한지 알아야 한다고 말했다. 물론 세계의 모든 사람들이 신기한 동물을 관찰하려고 다른 대륙을 여행하는 것은 가능하지 않고 바람직하지도 않다. 그러나 동물계와 교감하고 세상의 아름다움을 발견하기 위해 꼭 코끼리나 표범을 직접 눈으로 봐야 할까?

우리의 숲, 산, 들, 강, 해안은 야생동물로 가득하다. 우리 주변에는 발견해야 할 것들이 무궁무진하며 평화와 자유를 존중해 주면서 만날 수 있는 종과 개체도 많다. 그렇다면 가까이 살고 있는 것들에 대해 먼저 알아가며 서로 존중하는 법을 배우는 것이 먼저가 아닐까? 주변의 동물을 보는 시각을 바꾸면 세상 전체를 보는 시각이 바뀐다고 나는 확신한다. 이는 지리적으로 멀리 떨어져 있어 결코 마주칠 기회가 없는 동물을 포함한 모든 생명체에 해당하는 이야기다. 야생동물을 좋아한다고, 보존하고 싶다고, 꼭 동물원에 갈 필요는 없다는 말이다.

총소리를 멈춰라

"사냥을 원칙적으로 반대한다는 건 있을 수 없다. 자신과 사랑하는 사람들의 생계 문제는 그 어느 것보다도 중요하기 때문이다. 지금 잘 사는 나라들도 한때 는 먹고 살기 위해 살생을 해야 했지만, 지금은 선진국 어디에서도 생존을 위해 사냥하지 않는다."

숨이 막힐 정도의 더위와 습도에 셔츠가 피부에 달라붙는다. 하지만 벗어 버리고 싶은 충동을 참는다. 노출된 살 하나하나가 떼 지어 날아다니는 작은 날것들의 표적이 되기 때문이다. 날것들의 쏘임은 고통스럽진 않아도 따끔거리는 자국을 만들어낸다. 내 손등에도 물린 자국이 점점이 박혀 있다. 카메라맨 빅터와 감독인 기욤은 반바지와 티셔츠 차림으로 온 것을 후회하고 있다. 두 사람의 팔과 다리는 수두에라도 걸린 것처럼 물린 자국 투성이다. 웃통을 벗고 있는 원주민들은 이런 모습을 재미있어 한다. 그들의 살갗은 날것들의 식욕을 자극하지 않는 모양이다. "우리도 벌레들에게 물리긴 하지만 피부가 익숙해서인지 별 반응이 없어요." 몸이 전통 문신으로 뒤덮인 원주민 노인의 설명이다.

　우리는 아마존 열대우림 한가운데에 있는 메투크티레라는 마을에 와 있다. 주민이 수백 명뿐인 이 마을은 다른 세계와 단절되어 있어 찾아오는 사람이 거의 없다. 이곳으로 오려면 두 가지 방법이 있다. 가장 가까운 인근 마을에서 며칠에 걸쳐 카누를 타고 이동하거나, 경비행기를 타고 수풀 가운데 임시 활주로에 착륙하는 것이다. 우리는 후자를 택했다. 메투크티레는 세계에서 가장 유명한 아마존 원주민 추장 라오니가 사는 마을이기도 하다. 그는 자신의 부족과 숲을 지키기 위해 그동안 여러 세계의 지도자들과 만나 왔다. 그러나 이 아흔두 살의 현자는 코로나19와 몇 주 전 아내를 잃은 슬픔으로 부쩍 몸이 쇠약해져 지금 이곳에 없다. 그는 의료 시설이 가까운 지역에서 요양을 하고 있다.

　마을의 몇몇 남자들이 우리에게 카누를 태워주겠다고 했다. 그들을 따라 현지인들이 성스럽게 여기는 싱구강을 따라 올라갔다. 사방이 숲인데다 안을 들여다볼 수 없을 만치 초목으로 빽빽했다. 새들의 지저귐과 벌레 소리가 숲 그늘 전체에 울려 퍼진다. 우리를 실어 나르는 낡은 모터를 제외하면 현대 문명의 흔적은 어디에서도 찾아볼 수 없다. 이곳 숲은 원주민 보호지역으로 지정되어 있어서 비교적 훼손이 덜하다. 물론 불법 벌목꾼들이 드나들고 거대 농장들이 숲의 경계를 위협하고 있지만, 아마존의 다른 지역에서 보았던 집중적인 삼림 벌채 현장과는 거리가 멀다. 수 세기 동안 이 지역의 유일한 인간 거주자는 카야포족뿐이었다. 이들은 숲을 잘 알고 그 안에서 생존하는 방법도 잘 안다. 카야포족 가이드가 없었다면 우리는 이곳에서 일주일도 버티지 못했을 것이다.

두 시간쯤 항해한 뒤, 사공이 암석 뒤 물결이 없는 곳에 카누를 댔다. 이제 낚시를 시작할 수 있다. "놈들이 이곳에 자주 출몰해요." 한 남자가 말한다. 놈들이란 피라냐를 말한다. 악명 높은 이 붉은 눈의 육식성 물고기는 카야포 족의 사냥감 중 하나다. 간단한 낚싯줄과 갈고리를 이용해 단 몇 분 만에 십여 마리를 배에 낚아 올렸다. 잡은 물고기는 마을로 돌아오자마자 바로 익혀서 먹었다. 식탁에는 또 다른 동물이 올라와 있다. 거북이였다. 그날 아침에 잡은 것이다. 나는 호스트에게 내가 채식주의자라고 설명한다.

"그럼 무얼 먹나요?" 그들이 놀란 표정으로 내게 묻는다. 나는 웃었지만 당연한 질문이었다. 짧은 체류 기간 동안 마을 여인들이 재배한 채소 몇 가지와 여행 가방에 준비했던 동결 건조 식품을 먹을 수 있었다. 하지만 만약 내가 메투크티레 마을에서 태어났다면? 답은 아주 간단하다. 아마존 열대우림 한가운데 있는 이 아름답고도 거친 곳에서 살았다면 나도 동물을 사냥해 먹었을 것이다. 다름 아닌 생존의 문제이기 때문이다. 카야포 족은 매일 필요한 만큼만 사냥하며 낭비란 것이 없다. "필요 이상으로 사냥하지 않아요. 숲에 사냥할 동물이 없으면 우리도 사라질 테니까요." 한 원로가 거북이를 불에서 꺼내며 말한다.

살아남기 위한 사냥?

분명히 말하지만 나는 무조건 사냥을 반대하는 것이 아니다. 지역에 따라서는 식량을 얻기 위해 야생동물을 죽이는 것이 선택이 아닌 필수일 수 있다. 그러므로 사냥을 원칙적으로 반대한다는 건 있을 수 없다. 자신과 사랑하는 사람들의 생계 문제는 그 어느 것보다도 중요하기 때문이다. 지금 잘 사는 나라들도 한때는 먹고 살기 위해 살생을 해야 했지만 지금은 아니지 않은가? 오늘날 선진국에서는 누구도 생존을 위해 사냥하지 않는다.

21세기 현재의 프랑스 사냥꾼들은 굶주림의 위협에 처해 있지 않으며 오히려 그 반대다. 2015년 프랑스사냥연맹(FNC : Fédération nationale des chasseur)의 의뢰로 실시한 조사[31]에 따르면, 사냥꾼들의 50%는 '과체중'이며, '의학적 비만'의 비율도 18%나 된다. 일반인(과체중 30%, 비만 17%)보다 훨씬 비율이 높다. 다른 요인, 특히 사회 문화적 요인이 작용할 수도 있으므로, 사냥꾼의 높은 과체중 비율을 사냥만으로는 설명할 수는 없다. 하지만 프랑스에서 영양 부족을 벗어나기 위해 사냥이 꼭 필요하다고 주장할 근거가 되지 못하는 것만은 분명하다.

더구나 납탄에 오염된 사냥감을 먹는 것은 건강에 바람직하지 못하다. 부유한 나라에서 사냥은 식생활을 위한 필수 활동이 아니라 여가 활동일 뿐이다. 프랑스사냥연맹 회장인 윌리 슈렌도 이를 부정하지 않는다. "사냥하러 가서 동물을 스토킹하고 죽이는 것을 즐기냐고요? 대답은 '그렇다'입니다. 동물을 죽이는 것은 전혀 폭력적이지 않습니다. [···] 식량을 얻기 위해 사냥이 필요한 건 아니지만, 사냥은 큰 즐거움 중 하나입니다."[32]

멧비둘기 사냥 면허

우리가 알고 있는 사냥은 즐기기 위한 것이다. 우리는 재미로 동물을 죽인다. 그것도 많은 동물을 죽인다. 수치를 자세히 살펴보자. 현재 프랑스에는 약 백만 명의 사냥꾼들이 활동하고 있다.[33] 전체 인구 6천7백만 명 중 1.5%에 해당하며 그 수는 꾸준히 감소하고 있다. 1975년에는 전체 인구 5천4백만 명 중 220만 명, 즉 4%가 사냥을 했다. 프랑스 생물다양성청(OFB)에 따르면 2013~2014년 사냥 시즌 동안 사냥꾼들은 2천2백만 마리의 동물을 사살했다. 이 중 80%가 새였다. 약 5백만 마리의 숲비둘기, 3백만 마리의 일반 꿩, 2백

▼생물다양성청(OFB)
OFB(Office Francais de la Biodiversite)는 프랑스 농림식품부의 감독 아래 생물다양성 보호 및 복원을 전담하는 공공기관으로 2020년에 설립되었다. OFB의 목표는 지속 가능한 방식으로 생태계 기능과 생명력을 유지하기 위해 협력하고 노력하는 것이며, 이를 위한 규제와 정책 개발 및 실행을 관장한다.

만 마리의 자고새, 2백만 마리의 개똥지빠귀, 1백만 마리의 오리 등등… 그 밖에 멧돼지, 여우, 노루, 토끼 등 포유류가 나머지 20%를 차지했다.

프랑스에서 사냥할 수 있는 동물은 총 91종으로, 다른 유럽 나라들보다 훨씬 많다. 프랑스 조류보호연맹(LPO : Ligue de protection des oiseaux)에 따르면 유럽연합 국가들은 평균 39종을 사냥하는 반면 프랑스에서는 조류만 63종을 사냥한다. 더 심각한 것은 프랑스에서 사냥할 수 있는 조류 중 26종은 개체수가 감소하고 있으며 일부 종은 국제자연보전연맹의 적색목록에서 '취약종'으로 분류되어 있다는 점이다. 이렇게 프랑스에서는 여전히 멸종 위기 동물들이 합법적으로 사냥당하고 있다. 물론 사냥이 주요 원인은 아니지만 자연 서식지의 축소, 집약 농업, 곤충 개체군 붕괴, 기후 변화 등으로 소멸해 가는 종들의 고통에 한몫을 더하고 있는 것은 분명하다.

멧비둘기(호도애)의 예는 기억해 둘 만하다. 이 멋진 철새는 아프리카에서 겨울을 보내기 위해 프랑스를 횡단한다. 1980년

▼ **적색목록(Red List)**
국제자연보존연맹(IUCN)은 야생종의 멸종을 방지하고 생물 다양성을 보존하기 위하여 멸종 위기에 처한 종의 보전 상태를 분류하는 적색목록을 발표하고 있다. 이 적색 목록은 멸종 위험도가 높은 순서에 따라 절멸(EX : Extinct), 야생절멸(EW : Extinct in the Wild), 위급(CR : Critically Endangered), 위기(EN : Engarded), 취약(VU : Vulnarable), 준위협(Near Threatened, NT), 최소관심(LC : Least Concern), 정보 부족(DD : Data Deficient), 미평가(NOT EVALUATED, NE)의 9개로 분류된다.

부터 2015년 사이에 멧비둘기의 개체수는 80%가 감소했다. 사냥이 원인이었다. 사냥 현장을 직접 목격한 알랭 부그랭-뒤부르의 목소리는 아직도 격앙되어 있다. 조류보호연맹(LPO)의 미디어 담당자인 알랭은 내가 존경하는 인물로 야생동물 보호에 평생을 바쳤다.

"한때 메도크 북쪽으로 매년 7만 마리에 가까운 멧비둘기들이 지나갔어요. 그 수를 헤아려 보아서 잘 알아요. 그런데 사냥꾼들의 총에 맞은 숫자가 얼마인지 아십니까? 3만 마리예요. 엄청나죠. 이 대규모 학살은 이 비둘기 종에게 부정할 수 없는 영향을 미쳤습니다. 2004년에 LPO는 이곳을 지나는 유럽멧비둘기를 4만4천 마리까지 헤아렸어요. 하지만 2021년에는 5천 마리뿐이었습니다. 이런 일이 지금 내 눈앞에서 일어나고 있는 겁니다! 수십 년 동안 이런 파괴를 목격했어요. 더욱 화가 나는 것은 생태전환부가 이 종을 사냥 가능 목록에 포함시켜 왔다는 것입니다!"

이것은 사실이다. 2020년 8월에 정부는 모든 과학적 증거들을 무시하고 17,460마리의 멧비둘기 사냥을 승인했다. 동물 보호 단체와 여러 협회들이 이를 법정으로 가져갔다. 최고행정법원은 보호단체들의 주장이 타당하다고 판결을 내리고 사냥 승인 명령을 중단했다. 이 결정은 2021년 12월에 확정되었다. 협회의 활동 덕분에 지금 프랑스에서는 더 이상 합법적으로 멧비둘기 사냥을 할 수 없게 되었다. 이 비둘기 종은 과연 멸종 위기에서 벗어날 수 있을까? 그것은 미래가 대답해 줄 것이다.

보호받지 못하는 보호종

프랑스에서는 보호종으로 지정된다고 해도 총알을 피할 수 없다. 물론 원칙상으로 '보호' 동물에게는 총을 쏠 수 없다. 3년의 징역형과 15만 유로(약 2억1천만 원)의 벌금형에 처할 수 있는 범죄 행위다. 하지만 실제로 이 법은 힘을 쓰지 못한다. 일부 유죄판결도 있었지만 최고형은 절대로 적용될 일이 없다. 2021년 2월, 프랑스 바르 주에서 사냥 면허가 없는 상습 밀렵꾼이 보호종인 울새 75마리와 검은머리방울새 12마리를 포획하여 유죄판결을 받았다. 1년 징역(이 중 9개월은 집행유예)과 5천 유로의 벌금형이 내려졌다. 지금까지 이런 사건에 선고된 가장 무거운 형량 중 하나다.

2016년에는 사냥연맹의 전직 관리자 3명이 사냥 초보자들에게 동물 보호지역에서 길고양이와 맹금류 등 100마리 이상의 보호 동물을 죽이라고 명령한 혐의로 1년의 징역형을 선고받았다. 하지만 이런 유죄판결의 사례는 손에 꼽을 정도다. 대부분의 범죄 행위는 마을에서 멀고 목격자가 없는 곳에서 발생하기 때문에 범인의 신원이 잘 밝혀지지 않는다. 그렇다면 불법으로 도살되는 동물의 수는 얼마나 될까? 정확한 수치는 알 수 없지만, 매년 수천 마리의 동물이 죽은 채로 발견되거나 야생동물 보호센터로 보내진다.

2020년 10월, 세벤 국립공원에서 유럽 멸종위기종인 어린 수염수리의 사체가 발견되었다. 돌로미라는 이름까지 있는 이 맹금류는 태어난 지 8개월밖에 안 된 새끼였다. 3월에 태어난 이 독수리는 재적응 프로그램의 일환으로 6월에 아베롱 주에서 방사되었다. 부검 결과 사체에서 약 15개의 산탄 총알이 발견되었다. 프랑스에는 수염수리가 몇십 마리밖에 남아 있지 않기 때문에 그 죽음은 매우 불길한 소식일 수밖에 없다. 수염수리가 총격범의 희생양이 된 것은 처음이 아니었다. 2019년에도 그랑코스 국립공원에서 수염수리 한 마리가 죽은 채로 발견되었다. 2021년에는 사부아 주에 있는 바누아즈 국립공원에서 성체와 새끼 수염수리 두 마리가 독극물에 중독된 채 발견되었다.

프랑스 쥐라 주에서 야생동물 보호 센터를 운영하는 질 모인은 보호종이라고 해서 실제로 보호받는 것은 아니라고 말한다. 나는 그와 함께 프랑스에 마지막으로 남아 있는 스라소니의 행동을 연구하며 들판에서 많은 시간을 보냈다. 2021년에 그의 팀은 조난된 야생동물 약 4천5백 마리를 데려와 치료한 뒤 다시 풀어주었다. 그는 사냥꾼에게 총에 맞은 보호 조류를 정기적으로 인도받고 있다.

"매년 총에 맞는 수리부엉이들이 생겨나요. 이들은 야행성 포식자라서 낮에는 나무에서 움직이지 않아요. 쉬운 표적이죠. 식별이 쉽고 원을 그리며 천천히 나는 붉은솔개도 마찬가지입니다. 의도적인 경우도 있지만, 훈련이 부족한 사냥꾼들이 사냥할 수 있는 동물과 불가능한 동물을 구별하지 못할 때도 있습니다. 예를 들어서 어두워질 무렵에 오리를 노리던 사냥꾼들이 종종 쇠부엉이나 개구리매를 쏘는 일이 있어요. 뼈에 외상이 있는 경우엔 간혹 목숨을 구하지만, 복부나 가슴에 탄환이 박혀 장기가 손상된 경우에는 힘듭니다."

보호종인 커다란 백로 한 마리가 온몸에 납탄을 맞고 센터에 왔지만 질은 아무것도 할 수 없었다. "가장 가까운 도로에서 3km 떨어진 지역의 안개 속에서 산책하던 사람이 발견했어요. 누군가 발견하는 건 극히 드문 경우예요. 부상 당한 동물 중에 센터에 보내지는 건 극히 소수에 불과하고 대부분은 아무도 모르게 죽고 말죠."

프랑스에 1백~2백 마리밖에 없는 스라소니조차 밀렵꾼의 희생양이 되고 있다. 질은 최근 몇 년 사이 총에 맞아 죽은 스라소니를 여러 마리 발견했다. 스라소니를 다른 동물로 착각하는 일은 거의 없다. "일부 사냥꾼들은 스라소니를 싫어

스라소니

해서 발견하면 주저하지 않고 총을 쏴 버려요. 숲속에서는 보호종이든 아니든 차이가 없습니다. 한 마리의 동물을 풀어주려면 많은 시간과 노력이 필요하지만, 방아쇠를 한 번 당기는 것으로 모든 것이 끝나 버리죠."

늑대가 나타났다

보호종들이 고통을 받는 것은 규모조차 알 수 없는 밀렵 행위 때문만은 아니다. 사냥꾼들에게 주는 각종 면책특권들도 그들을 고통스럽게 만든다. 가장 쉽게 볼 수 있는 예가 바로 늑대 사냥이다. 프랑스 생물다양성청에 따르면 1992년 완전히 사라졌다가 프랑스에 다시 나타난 늑대의 개체수는 2021년 현재 624마리로 집계되었다. 개체수는 늘고 있지만 여전히 매우 취약한 상태다. 그러나 프랑스 정부는 매년 늑대의 19%를 도살할 수 있도록 허가하고 있으며 때로 21%까지 늘리기도 한다. 매년 1백 마리가 넘는 개체, 즉 전체 늑대 수의 거의 4분의 1이 지도에서 사라지고 있는 것이다.

늑대

공식적인 목적은 늑대가 가축 떼, 특히 양을 공격하지 못하도록 하는 것이다. 사실 농부들은 가축 보호에 체계적인 보상과 지원을 받고 있다. 그럼에도 당국은 포식자들의 수를 제한하는 것이 반드시 필요하다고 주장한다.

프랑스 국립자연보호위원회(CNPN : Conseil national de la protection de la nature)는 이 정책에 동의하지 않는다. 위원회는 이런 수준의 도살은 "피해를 예방하려는 것이 아니라 늘대 종을 최대한 파괴하려는 국가적 의지를 반영한 것[34]"이라고 평가한다. 이것은 또 막대한 허가 할당량을 두고도 너무 적다면서 매년 더 많은 늘대를 죽일 권리를 요구하는 사냥꾼들을 위해서이기도 하다. 2022년 1월에는 이전부터 늘대에 적대적인 태도를 보이던 크뢰즈 주의 한 농촌조합 관계자가 농부들에게 공개적으로 불법 도살을 촉구하기도 했다. "늘대 예방을 위한 해결책은 엽총과 독극물밖에 없다. 농부들이 늘대를 발견하면 즉시 사냥용 총을 꺼내 아무도 모르게 죽여 버리기 바란다. 그것만이 최선의 해결책이다." 단순한 경고나 협박이 아니었다. 실제로 몇 달 전 사부아 주에서 늘대 두 마리가 독극물을 먹고 죽은 채로 발견되었다.

알파인아이벡스

비슷한 예로, 알파인아이벡스도 이유 없이 공공의 적 취급을 받고 있다. 국제적으로 보호받는 이 민첩한 산악짐승은 사육 소들에게 집단 감염

병인 브루셀라병을 퍼뜨린다는 혐의를 받고 있다. 그러자 2022
년 오트사부아 주는 지역 치즈 생산자들의 민원을 앞세워 바르
지 산악지역에서 전체 개체수가 4백 마리뿐인 알파인아이벡스
중 170마리를 죽일 수 있도록 허가했다. 브루셀라병 유병률은
전체 개체군의 4%에 불과한 것으로 추정되지만 올바른 조사도
없이 살처분을 강행한 것이다.[35] 국립자연보호위원회 과학자들
의 조언과 사전 공청회에서 84%의 시민들이 부정적 의견을 표
했음에도 내려진 결정이었다. 다행히 여러 동물 보호 단체들의
소송으로 그르노블 행정법원은 살처분 명령을 미루었다.

아무도 모르게 죽여라

피에르 리고도 이런 사정을 잘 알고 있다. 생물학을 전공했고
어렸을 때부터 숲과 산맥을 돌아다녔던 이 환경주의자는 지금
프랑스 남동부의 시골 한가운데에 살고 있다. 피에르는 자신의
정확한 위치를 알려주길 꺼린다. 야생동물 보호를 위한 비디오
탐사와 저서인 『자연에 총을 겨누지 마라』[36] 때문에 시도 때도
없이 사냥꾼들의 위협을 받고 있기 때문이다. 마흔한 살인 피에
르는 사냥꾼들의 루트를 속속들이 알고 있다. 그는 흥분이나 적
대감을 빼고 부드럽고 차분한 목소리로 사실대로, 본 대로 내게
이야기해 주었다.

"지금 프랑스에는 안전한 야생동물 피난처가 거의 없는 실정

이에요. 프랑스 본토의 0.5%밖에 되지 않는 5개 국립공원의 주요 지점을 빼면 어디서든 사냥이 가능하죠." 그 밖의 자연 공간에서 사냥꾼들은 어디에서나 총을 쏠 수 있다는 얘기다. 그러면 178,000헥타르의 국립자연보호지역은 어떤가? 지방의 자연보호 구역과 마찬가지로 국립자연보호지역에서도 사냥 허가를 받을 수 있다.

피에르는 스키장 개발, 벌목, 산악 레저 또는 기후변화로 산악 생태계가 파괴되어 개체수 위협을 받는 겨울새 멧닭을 예로 든다. 멧닭은 생태 환경에 매우 민감한 동물이다.

멧닭

등산객이나 스키어가 접근하면 겁을 먹고 눈 덮인 산 깊숙한 속으로 거처를 옮긴다. 그러나 갑작스러운 이동은 멧닭을 지치게 만들고 겨울철 생존율을 떨어뜨린다. 따라서 산을 이용하는 사람들은 멧닭이 놀라지 않도록 서식지를 피해 다녀야 한다. 그런데 사냥꾼들은 베르코르 산맥의 오-플라토 자연보호 구역에서도 멧닭을 사냥할 수 있다.

피에르는 또 한 가지 믿기 힘든 사례를 들려준다. "마시프-상트랄 고원 지대의 오브라크 자연공원에서는 9월 15일부터 10월 15일까지 사슴의 번식기를 맞아 국유림의 넓은 지역을 폐쇄합니다. […] 당국은 표지판에 '접근금지 구역' 표지를 세워 '민감한 번식 기간' 동안 동물을 방해하러 오는 나쁜 보행자들을 친절하게 돌려보내죠. 하지만 국립공원관리청이 알리지 않은 한 가지 중요한 사항이 있습니다. 사슴이 짝짓기하는 계절인 9월 15일부터 이곳 금지 구역에서는 자체 가이드들의 안내를 받으며 사냥꾼들이 아무도 모르게 사슴 사냥을 즐긴다는 것이죠."

한마디로 요약하면, 동물을 방해해선 안 되지만 예외적으로 죽일 수는 있다는 얘기다. 보호 수준이 가장 높고 사냥이 엄격하게 금지된 통합 보호지역에서도(영토의 0.04% 해당) 노루, 사슴, 멧돼지의 수를 '조절'하기 위한 도살 행위가 사실상 허용되고 있는 것이다.

개체수 조절이라는 거짓말

'개체수 조절'은 사냥꾼들이 자기들의 행위를 정당화하기 위해 널리 사용하는 명분이다. 또, 일반 대중들에게 가장 잘 먹히는 논리이기도 하다. "야생동물은 '번식'의 위험 때문에 '조절'이 필요하다." "인간은 자연을 '관리'해야 하는 것이다." "야생동물을 죽이지 않으면 인간의 영역을 침범하여 농작물과 환경을 황폐하게 만들 것이다." "누군가 그 일을 해야 하므로 사냥은 자연에 호의를 베푸는 행위이다." 이러한 주장은 대중이 레저로서의 사냥을 받아들이게 하는 논리로 널리 쓰인다.

그러나 실제 상황은 이런 선전과 전혀 다르다. 유사 이래 최대의 생태계 파괴자인 인간 종이 퍼뜨리는 생태계 '관리'라는 개념도 우습지만, 동물을 '죽이는 것'이 아니라 '채취하는 것'이라는 사냥꾼들의 변명 또한 궁색하기 짝이 없다. 그래도 일단은 사실과 수치에 입각하여 얘기해 보자. 개체수가 감소하고 있는 동물을 '조절'하는 것은 생태학적으로 아무 의미가 없으니 여기서는 멸종 위기에 처하지 않은 동물에 대해서만 집중적으로 말해 보겠다.

이미 말했듯이 매년 사냥꾼이 죽이는 동물의 80%는 새들이다. 여기에는 약 3백만 마리의 일반 꿩, 1백3십만 마리의 빨간다리자고새, 1백만 마리의 유럽자고새가 포함된다. 매년 5백만 마리로 사냥꾼이 죽이는 동물의 4분의 1을 이 세 종이 차지한다! 야생에 꿩과 자고새가 너무 많아서 '조절'을 해야 하는 걸까? 전혀 그렇지 않다. 이 새들 가운데 압도적인 다수는 새 양식장에서 사육되는 것들이다! 사냥 업계의 추정에 따르면 10마리 중 9마리가 여기에 해당한다. 사육된 새들은 새장에 갇혀 있다가 총에 맞기 몇 시간 또는 며칠 전에 풀려난다. 저 거창한 '조절'의 논리와는 상반된다. 이들은 살아있는 표적이 되기 위해 키워지며, 그 이상도 이하도 아니다.

청둥오리도 마찬가지다. 매년 프랑스에서 도살되는 1백만 마리의 청둥오리 대부분이 농장에서 기른 것이다. 피에르 리고가

인용한 프랑스 가금류 생산자협회의 통계에 따르면, 프랑스에서는 매년 3천만 마리의 동물들이 "생산"되며, 이 중 1천만 마리가 수출된다. 따라서 계산상 프랑스에 남아 있는 2천만 마리의 동물들은 사냥꾼이 사냥을 목적으로 사서 풀어주는 것이다.

매년 방생되는 2천만 마리의 꿩, 자고새, 등의 동물들 중에서 약 6백만 마리가 총에 맞아 죽는다. 나머지 1천4백만 마리는 어떻게 될까? 야생 생활에 적응하지 못하고 방생된 지 얼마 지나지 않아 죽는다는 것이 피에르의 설명이다. "시골에 사는 사람들은 누구나 사람을 피하지 않고 길가에서 서성거리는 꿩을 본 적이 있을 거예요. 야생에서 살아본 적이 없는 농장 동물들이지요. 이들은 자연 속에서 살아볼 기회가 없었습니다."

이런 관행은 잔인할 뿐만 아니라 생물 다양성에도 영향을 미친다. 이렇게 풀려난 동물이 야생동물과 접촉하면 잡종 교배로 이어져 자연 개체군을 약화시키고 질병 확산에 기여한다. 피에르 리고는 1970년대에 중부 유럽에서 산토끼를 방사하는 바람에 기생충 감염 질병이 프랑스 산토끼들에게 퍼진 적이 있다고 회고한다.

요즘 프랑스에서는 매년 2백만 마리 이상의 갈색 토끼와 야생 토끼가 총에 맞아 죽는다. 그중 일부는 양식으로 사육된 것들이다. 야생 토끼로 말하자면 개체수가 감소하고 있다. 노래하는 개똥지빠귀? 숲속의 멧도요? 겨울 가창오리? 아무도 귀찮게 하지 않는 이 조용한 동물들에 대해서는 사냥꾼들도 '조절' 얘기를 하지 않는다. 사실, 프랑스에서 사냥으로 죽는 압도적인 다수의 동물들에게 '조절'이라는 말은 어울리지 않는다. 사냥으로 죽임을 당하는 동물들의 6%에 불과한 유제류(멧돼지, 사슴, 샤무아)와 2% 미만을 차지하는 여우 정도만 소위 "유해한" 동물에 해당한다. 사냥 업계가 조절자로서의 역할을 강조하기 위해 홍보하는 대상은 이런 극소수의 동물들이다.

다시 사실에 입각해서 살펴보자. 프랑스에서는 수십 년 동안 야생 유제류의 개체수가 증가해 왔다. 사슴과 노루가 비난받는 주된 이유는 나무의 새순을 먹어 숲의 재생을 방해하기 때문이다. 이 동물들이 새싹을 좋아하는 건 사실이다. 그러나 이들이 먹는 새싹은 주로 삼림조성지나 목재를 위해 벌채된 지역의 식물들이다. 나무를 베지 않은 오래된 숲은 밤비와 그 가족들의 식탐으로 인해 고통받지 않는다. 인간들이 벌여 놓은 생태계 파괴와 서식지 침범의 책임을 야생동물들에게 뒤집어씌우고 있는 것이다. 이것은 초대도 받지 않은 남의 집 소파에 걸터앉아 TV 드라마를 보는 데에 방해가 되니 목소리를 낮추라고 말하는 것과 같다. 그래도 계속하겠다고? 탕! 그러면 당신을 '조절'할 수밖에……

더구나 프랑스 본토의 대부분에서 사슴과 노루의 천적들이 사라진 것은 누구의 탓일까? 늑대와 스라소니는 지난 수 세기 동안 대량으로 사냥되었다. 그런데 최근 수십 년 동안 개체수가 반짝 증가세를 보이자 많은 사람들이 격한 반응을 보였다. 몇 년 전 쥐라 주에서 취재를 하던 중 스라소니를 발견하면 무조건 쏘아 죽여야 한다는 사냥꾼을 만났다. 이유를 물어보니 "우리 노루를 잡아먹는다"는 것이었다. 건강한 어른 스라소니가 일주일에 죽일 수 있는 노루는 고작 한 마리 정도다. 이것은 포식자이자 자연 조절자로서 스라소니의 역할이기도 하다. 사냥꾼들에게 스라소니는 노루의 개체수를 줄여 사냥감이 줄어들게 만드는 반갑지 않은 경쟁자일 뿐이다. 인간이 아닌 다른 동물이 하는 조절은 '조절'로 보지 않는 것이다!

멧돼지 학살

사람들은 사냥이 꼭 필요하다는 여론을 조성하기 위해 멧돼지를 예로 든다. 실제로 1900년대 중반 이후 프랑스에서는 멧돼지 개체 수가 폭발적으로 증가했다. 1960년대 몇만 마리였던 멧돼지 수는 2000년대 들어 1백만 마리 이상으로 늘어났으며, 지금은 그 수가 훨씬 많을 것으로 추정된다. 프랑스 생물다양성청의 최근 통계에 따르면, 사냥꾼들은 2017년 이후 종을 위험에 빠트리지 않고도 멧돼지들을 매년 7십만 마리 이상씩 죽였다. 멧돼지 개체 수의 급격한 증가가 반박할 수 없는 결과를 낳은 것은 사실이다. 땅을 파헤쳐 개인 정원이나 농경지 등에 큰 피해를 입힌 것이다. 이것이 사냥꾼들이 총기를 사용해서라도 조절이 필요하다고 외치는 근거다. 2019년 멧돼지를 포함한 대형 동물로 인해 생긴 피해액은 총 4천6백만 유로에 달했다.[37] 농부들에게는 이에 대한 보상금이 지급되며, 매년 수렵 분담금으로 이를 충당한다. 2021년부터 분담금이 올라서 지역 단위로 사냥을 하면 1인당 약 1백 유로, 전국적으로 사냥을 하면 2백 유로 이상의 수렵 분담금을 내야 한다.

그렇다면 멧돼지로 인한 실제 피해는 어느 정도나 될까? 보통 산과 들에서는 멧돼지가 특별히 문제를 일으키지 않는다. 가장 중요한 농작물 피해의 4분의 1은 거대한 옥수수밭으로 둘러싸인 1%의 작은 지역에 집중되어 있다.[38] 멧돼지는 이 초본식물을 좋아한다. 많은 물과 병충해 예방 약품이 소비되는 옥수수 단일 재배는 집약적인 축산업과 함께 지난 50년간 급속도로 증가해 왔다. 공장식 축산 농장에서 주로 옥수수를 동물 사료 쓰기 때문이다.

"옥수수 재배가 멧돼지에게 좋은 환경을 제공하고 이것이 다시 멧돼지 퇴치 열풍에 일조하게 됩니다. 작물 피해를 고려할 때, 멧돼지보다는 옥수수 재배를 규제하는 것이 더 효과적이지 않느냐는 반문이 가능합니다." 피에르 리고는 말한다.

총기 소유자들이 말하는 소위 '유해 동물'의 눈부신 증가는 하루아침에 벌어진 일이 아니다. 자연 포식자의 소멸, 집약적 농업의 발전, 겨울을 나기에 좋아진 기후변화 외에 사냥꾼에게도 큰 책임이 있다. 1970년대에 많은 멧돼지가 방사되었다. 수입되거나 사육된 멧돼지들의 번식력을 높이기 위해 집돼지와 교배시킨 뒤 의도적으로 자연 속에 방사한 것이다. 사냥꾼들이 풀어놓은 멧돼지의 후손들은 지금 프랑스 전역에서 번식을 계속하고 있다. "여기서 사냥꾼들의 양날의 검 이론이 나옵니다." 피에르 리고가 웃으며 말한다. "그들의 주장은 이렇게 요약할 수 있습다. 첫째, 사냥은 동물의 번식에 이로우며, 지난 40년 동안 개체수의 '바람직한' 증가가 그 증거이다. 둘째, 사냥은 동물을 조절하는 데 필요하며, 지난 40년 동안 개체수의 '우려스러운' 증가가 그 증거이다.

오늘날엔 멧돼지의 야생 방사를 금하고 있다. '유해 동물'의 사육은 여전히 가능지만, 울타리가 완벽하게 쳐진 사냥터에만 공급할 수 있다. 하지만 이론적으로만 그러할 뿐이며 불법 사육이 끊임없이 적발되고 있다. 2017년에 헌병대의 헬리콥터가 오트-루아르의 숲 한가운데에 있는 농장을 발견했다. 수십 마리의 멧돼지가 있었고 농부는 정기적인 사냥 파티를 위해 이를 개인에게 판매하고 있었다. 이런 동물들의 비정상적인 번식과 농작물 피해 증가는 다시 지역 농부들의 경각심을 불러일으킨다.

지난 50년 동안 프랑스 사냥꾼들은 멧돼지 개체수를 늘리는 데 기여했다. 오늘날에도 그들은 멧돼지 개체수를 유지하기 위해 번식용 암컷을 보호하고 있으며, '먹이 살포'라는 방법으로 개체수를 계속 늘리고 있다. 먹이 살포란 옥수수를 뿌려 멧돼지에게 먹이를 공급하는 것이다. 명분상으로는 멧돼지들에게 직접 먹이를 살포하여 농작물에 접근하지 못하게 하는 것이지만, 실제 목표는 멧돼지를 정해진 지역 내에 머물게 하여 쉽게 사냥하는 것이다.

"사냥꾼들은 방화범처럼 행동합니다. 멧돼지의 번식 증가는 많은 부분 그들에게 책임이 있어요." 알랭 부그랭-뒤부르의 말이다. 일부 지자체장들이 이런 현실에 반응하기 시작했다. 앵드르에루아르 주 당국은 멧돼지 번식을 차단하기 위해 2022년 1월과 2월에 먹이 살포 금지를 결정했다. "5년 전에는 통제가 가능하다고 생각했지만, 이제는 우리 손을 벗어났어요." 주의 수렵 담당 팀장 알랭 벨로이는 말한다.[39] 가르 주도 사정은 마찬가지다. 관계자는 "먹이 살포 장소가 계속 발견되는 것은 사냥꾼들이 멧돼지의 번식을 부추기고 있기 때문"이라고 말한다.[40]

이는 수렵 단체에서 내세우는 '조절'과는 거리가 멀다. 멧돼지 사냥을 위해 번식에 열을 올리는 사냥꾼들에게 조절을 맡기는 것은 마치 아이에게 사탕 가게를 맡기는 것과 같다. 농경지에서의 사냥이 주로 양식 꿩과 자고새들로 한정돼 있고 사냥꾼의 수는 계속 감소하는 상황에서 무한한 사냥 거리를 제공하는 멧돼지는 황금어장처럼 여겨질 수밖에 없다고 피에르 리고는 말한다.

세상에서 가장 유해한 동물

사냥꾼들은 사냥의 필요성을 역설하기 위해 "해로운 동물들"을 입에 올린다. 인간이 만들어낸 이 용어는 실소를 자아낸다. 지구상에 가장 해로운 동물이라면 그것은 틀림없이 우리 인간일 것이다. 자기 생존의 터전인 환경을 파괴하고 함께 사는 생명체들까지 멸종시키는 유일한 동물이 인간이기 때문이다.

우리가 유해하다고 간주하는 동물들을 행정 용어로는 '잠재적 피해 가능 종'이라고 부른다. 이들은 일 년 내내 할당량 없이 살처분할 수 있다. 그중에는 수달, 아메리카밍크, 아메리카너구리처럼 지금 지역에 자생하지 않던 침입 외래종도 있다. 인간이 들여온 이들 외래종은 그 지역의 야생동물과 대립할 수도 있다. 그러나 우리가 "유해하다"고 말하는 다른 종들은 수만 년 동안 우리와 함께 진화해온 토종 동물들이다. 그중 일부는 호모 사피엔스가 오기 전부터 유럽에 서식하고 있던 것들이 대부분이다. 다시 말해 우리보다도 훨씬 이곳에 잘 적응한 존재들이라는 것이다.

여우의 예를 들어보자. 나는 이 아름답고 신중하며, 우아하고도 활달한 야생 포유류를 특별히 좋아한다. 최근 통계에 따르면 프랑스에서 사냥꾼들은 매년 43만 마리 정도의 여우를 죽이고

여우

있다. 그러나 여우를 먹는 사람은 아무도 없다. 그저 죽이기 위해 죽일 뿐이다. 여우에게 씌워진 혐의는 무엇일까? 첫째, 질병을 옮긴다는 것이다. 하지만 이런 주장은 근거가 없다. 벌파인광견병은 프랑스에서는 1998년 이후 사라졌다. 옴? 여우 옴은 인간에게 거의 영향을 미치지 않는다. 피에르 리고의 설명에 따르면 전염률이 낮은 이 균은 여우 사냥과 여우 사체를 통해 전염된다. 포낭충증? 이 질병은 설치류, 여우 또는 개가 옮기는 기생충 전염병인데, 육식동물이 배설한 식물을 먹거나 개를 쓰다듬으면 사람에게 옮을 수 있다. "이를 예방하는 가장 좋은 방법은 개에게 구충제를 먹이고 손을 씻는 것"이라고 피에르 리고는 말한다. 진드기가 옮기는 라임병? 최근 연구에 따르면, 사냥꾼들의 주장과 달리 여우는 오히려 라임병 퇴치에 긍정적인 역할을 하는 것으로 알려졌다.[41] 이 포식자가 설치류들을 쫓아내거나 숨어 지내도록 만들기 때문에 진드기의 수를 줄인다는 것이다. "작은 설치류는 진드기가 가장 좋아하는 숙주입니다. 설치류의 수가 적다는 것은 진드기의 수가 적다는 것을 의미하죠." 피에르 리고의 설명이다.

요컨대, 위생상 여우를 사냥할 타당한 이유는 없다. 더불어 여우의 개체수가 늘고 있다는 걸 입증하는 과학적 근거도 없다. 프랑스에 여우의 개체수가 얼마나 되는지는 알 수 없으며, 여우 살처분을 허가하는 주에서도 이를 뒷받침할 만한 수치를 제시하지 못하고 있다. 당국은 이 야생 포유류가 닭이나 다른 조류 농장을 '습격'하기 때문에 죽여야 한다고 주장한다. 하지만 이런 비난을 뒷받침해줄 믿을 만한 수치는 아무 데도 없으며, 국가 전체로 볼 때 그 '피해'는 무시할 만한 수준이다. 피해를 예방하는 방법 또한 매우 간단하다. "여우가 밤에 제대로 잠그지 않은 닭장 문을 통해 들어온다는 건 옛날부터 다 아는 사실입니다. 따라서 닭장을 제대로 닫으면 이런 일을 피할 수 있다는 것도 다 아는 피에르 리고의 말이다."[42]

여우를 해로운 동물로 분류하는 진짜 이유는 따로 있다. 사냥꾼들의 진짜 분노 이유는 이 포식자들이 사냥을 위해 풀어놓은 농장 가축들을 잡아먹기 때문이다. 사실 여우는 길을 잃은 꿩과 자고새를 즐겨 먹이로 삼는다. 잡기 쉽고 대량으로 포식할 수 있기 때문이다. 하지만 이들은 생존을 위해 사냥을 하고 있는 것이다. 안타깝게도 인간 사냥꾼이 소유물이자 오락거리로 생각하는 동물을 사냥감으로 하는 것이 문제일 뿐이다. 따라서 여우가 그토록 끈질기게 죽임을 당하는 이유는 단 한 가지, 인간들의 취미생활을 지키기 위해서다.

즐기기 위해 죽인다 : 베너리 사냥

사냥꾼, 지자체 그리고 정치인들이 되풀이하는 '조절'이란 명분은 동물을 즐겁게 죽이기 위한 핑계일 뿐이다. 미국 사냥협회 회장인 윌리 슈렌은 이를 아주 솔직히 표현해 주었다. "저는 직업 사냥꾼이 아닙니다. 규제에 대해선 전혀 신경 쓰지 않아요!" 이어서 살생을 즐기는지 묻는 진행자의 질문에는 이렇게 답했다. "그것도 일부이죠."

나는 심지어 사냥당하는 동물들도 사냥을 즐긴다고 우기는 사냥꾼도 만난 적이 있다. 2018년 방데 주에서 사냥개를 이용한 사냥이 진행되던 중에 한 노인 사냥꾼이 나에게 말했다. "동물은 뛰도록 만들어졌어요. 그들은 영역을 잘 알고 고통을 느끼지 못하죠. 놈들은 교활하게도 개들과 즐거운 시간을 보내고 있는 거예요! 그들에게는 이게 게임이죠." 이 말은 나를 충격에 빠뜨렸다. 게임이라고? 동물은 이 '놀이'에 동의한 적이 없는데? 그리고 '게임'의 최종 선물로 죽음과 함께 엄청난 고통을 선사하는데?

베너리Venery라고 부르는 사냥개 사냥은 독일, 영국 등 많은 유럽 나라들에서 금지되었지만 프랑스에서는 여전히 허용하고 있다. 베너리는 사냥개 무리, 말을 탄 사냥꾼들, 때로는 차에 탄 추격자들이 사냥감의 움직임에 대한 정보를 주고받으며 멧돼지, 사슴, 여우 같은 동물을 쫓는 사냥 방식이다. 추격전은 때로 몇 시간씩 계속되며, 쫓기는 동물에게는 극심한 스트레스를 준다. 그리고 마침내 동물이 지쳐 궁지에 몰려 포위되면 사냥 팀이 칼이나 총기로 사살하여 숨을 끊는다. 동물의 시체는 개에게 먹이고, 사슴일 경우엔 머리와 뿔을 트로피로 만들어 사냥꾼의 거실에 전시한다. 동물의 다리를 잘라 이 사냥에 '초대된 손님들'에게 제공하기도 한다.

사냥은 매우 관례화되어 있어서, 이 끔찍한 오락을 즐기던 옛 귀족들처럼 시대 의상을 차려입고 진행한다. 결과보다는 즐기는 것 자체가 목적이므로 '즐거움을 지속시키는 것'이 사냥의 규칙이다. 사냥당하는 동물의 수가 많지 않으므로 '조절'이란 명분은 있을 수 없다. 또한, 고기를 개에게 주기 때문에 잡아먹기 위한 사냥도 아니다.

사냥꾼을 피해 개인 정원이나 마을 한가운데 뛰어들어 헐떡거리는 사슴을 보는 것만으로도 동물의 고통을 느끼기에 충분하다. 최근에는 사냥개 사냥에 반대하는 사람들이 점점 많아지고 있다. 활동가들은 매주 한 번 정도 숲에 나가 사냥을 방해하고 그들의 행위를 촬영한다. 그 결과 잔인한 사냥의 적나라한 모습을 보여주는 동영상이 많이 공개되었다. 2018년 1월, 우아즈 주의 에그 숲에서 사냥개 사냥을 하던 중 벌어진 끔찍한 장면이 '베너리즉각철폐(AVA : Abolissons la venerie aujourd'hui)' 협회원들에 의해 녹화되었다.[43]

영상 속에서 사냥개에게 쫓기던 사슴 한 마리가 탈출을 위해 강으로 뛰어든다. 사냥꾼 두 명이 보트를 타고 헤엄치는 사슴을 쫓는다. 목격자들이 소리 지르며 항의하자 그들은 사슴의 뿔을 잡고 머리를 물속으로 밀어 넣어 버린다. 결국 사슴은 익사하고 말았다. 같은 사건이 2021년 1월에 랑부예 숲에서 일어났는데, 산책객들이 이 장면을 촬영했다. 보트를 탄 사냥꾼들이 연못으로 도망치려던 사슴을 따라잡는다. 그들은 먼저 몽둥이로 사슴을 가격한 다음 사슴이 끔찍한 고통을 겪으며 물속에서 죽도록 내버려 둔다. 쫓기던 동물이 가끔 탈출에 성공하기도 한다. 방데에서는 취재하던 활동가들이 사냥개를 막아 사슴을 탈출시키기도 했다. 그 어디에서도 사슴은 '플레이어'가 아니었다!

똑같이 잔인한 다른 형태의 사냥이 땅속에서 벌어진다. 굴사냥이다. 이런 사냥 관행은 프랑스 북부에서 흔히 볼 수 있다. 여우와 오소리를 추적해 굴을 파헤친 다음 개를 굴속으로 보내 구석으로 몰아넣고 플라이어로 끄집어내 죽이는 방식이다.

오소리

2019년 봄, 굴사냥 팀과 함께 잠복한 원보이스 활동가가 오-드-프랑스 지방에서 굴사냥 장면을 몇 주에 걸쳐 촬영했다. 영상은 소름 끼치도록 잔인하다. 한 무리의 사냥꾼들이 굴에서 아기 오소리를 꺼내는 장면이 나온다. "씨x! 오소리!" 하고 한 사냥꾼이 소리치더니 친구에게 "죽여! 죽여!" 소리친다. 남자는 큰 소리로 웃으며 오소리의 머리에 총을 쏜다. 이때 어미 오소리가 새끼를 찾아 굴 입구로 나온다. "빨리! 어미에게도 좋은 놈[총알] 하나 박아줘!" 굴 안으로 몸을 집어넣은 사냥꾼이 사람들이 보는 앞에서 총을 쏜다. 이번에는 어미가 살해된다. 아무도 오소리를 먹지 않으므로 시체는 버려진다.

이 영상이 충격적인 것은 아무 해악도 끼치지 않은 야생동물에 대한 사냥꾼들의 적개심 때문이다. 그들은 오소리를 죽이는 데 그치지 않고 오소리를 저주하며 고통받는 모습에 기뻐한다. 법이 야생동물에 대한 이런 가학행위를 허용하는 것을 이해할 수 없다. 놀랍게도 오소리, 사슴, 여우 또는 멧돼지를 고문하는 것은 합법적이다. 가축이나 포획된 동물에게 같은 행위를 하면 법의 심판을 받지만 야생동물의 경우엔 문제가 없다. 사냥꾼은 합법적인 가학 취미를 즐기며 동물을 몇 시간 동안 괴롭히고, 조롱하고, 총을 쏴 죽일 수 있다. 물론 총알에 잘 맞아야만 곧바로 죽을 수 있다. 심각한 상처를 입고 끝없는 고통에 시달려야 하는 경우는 또 얼마나 많을까? 규범상 사냥꾼은 상처 입은 동물을 찾아내 숨을 끊어줘야 한다. 그러나 그렇게 하는 경우는 많지 않다.

죽음의 울타리

2021년 3월 어느 날 아침에 에손 주의 생 셰롱에서 피에르 리고와 만났다. 영화감독 기욤 뒤망과 함께였다. 우리는 잘 알려지지 않은, 냉혹하고 잔인한 다른 형태의 사냥을 탐사하고 있었다. 우리는 농경지와 경계를 이루는 숲이 우거진 지역에 이르렀다. 파리 지역의 다른 수많은 숲과 마찬가지로 아름다운 경관을 자랑하는 곳이다. 추위가 우리의 얼굴을 파고들었다. 갑자기 높은 벽이 우리 눈앞을 가로막는다. 아침의 정적을 깨고 담장 뒤에서 총소리가 울린다. 어떨 때는 간헐적이고 어떨 때는 콩을 볶듯 요란하게……

지역 사냥협회가 주관하는 사냥일까? 아니면 사냥꾼 혼자 개를 데리고 멧돼지를 쫓는 걸까? 둘 다 아니다. 총성이 들린 숲 지역은 완전히 울타리로 둘러쳐져 있어 일반인은 접근할 수 없게 되어 있다.

우리는 VIP 고객들만을 위한 사냥터 '바빌공원'에 와 있다. 프랑스에는 이런 유형의 시설이 500곳 정도 있다. 동물들은 철책이나 울타리에 갇혀 있고 사냥꾼들은 여기서 하루 단위로 돈을 내고 사냥을 한다. 사냥감이 탈출할 방법이 없기 때문에 사냥꾼들은 언제나 트로피를 들고 집으로 돌아갈 수 있다.

바빌공원 사이트의 카탈로그에서 가격을 보고 사냥감을

선택할 수 있는데, 20명 사냥꾼 그룹은 1인당 450유로(약63만 원)에 동물 한 마리씩 사냥할 수 있다. 혼자 사냥할 경우 멧돼지는 1천~2천 유로, 노루는 1천~1천7백 유로이며, 사슴은 뿔의 크기와 아름다움의 정도에 따라 1천7백~3천 유로씩 한다. 아침과 점심 식사가 포함된 가격이며, 예약할 때 가격의 절반을 지불하고 나머지는 당일에 지불하면 된다. 울타리 안에 멧돼지가 충분하지 않으면 프랑스와 해외의 대형 사냥터들에서 멧돼지를 공수해 온다. 인간과 친해졌던 야생 멧돼지와 사슴은 전날까지 먹이를 주던 사람에게 총을 맞고 숨이 끊어진다. 정치권, 심지어 수렵인들 내부에서도 울타리 사냥을 금지해야 한다는 목소리가 커지고 있다. 입법자들이 포획된 동물의 운명 이상으로 걱정하는 것은 자연환경으로 울타리가 확산되는 것이다. 특히 상트르발드루아르 지방의 숲 지역인 솔로뉴에서는 야생동물과 산책객이 구불구불한 울타리 사이를 어깨를 맞대고 다녀야 하는 상황까지 벌어지고 있다.

잃어버린 총탄

농촌은 소음공해, 사냥꾼과 개의 사유지 난입, 총기 오발로 인한 가축 피해, 보행자 출입 제한, 실탄 유실, 행락객의 부상과 사망 위험 등에서 가장 많은 사냥 피해를 입는다. 프랑스 생물다양성청에 따르면 지난 20년 동안 프랑스에서 사냥 때문에 4

백 명이 넘는 사람이 사망했다. 대부분은 사냥꾼이 동료 사냥꾼에게 살해됐지만 그뿐만이 아니다. 2013년부터 2021년까지 부주의한 저격수의 총격으로 사냥꾼이 아닌 12명의 사람이 사망했다.

최근 일어난 몇 가지 사건은 대중의 인식을 크게 바꿔 놓았다. 2017년 10월 14일, 아베롱 주의 토싸크에 있는 자택 정원에서 69세의 여성이 총에 맞았다. 사냥꾼은 사슴으로 오인했다고 말했다. 시야가 확보되지 않은 상태에서 발사한 총이 울타리를 뚫고 들어갔고 피해자가 맞아 즉사했다. 2020년 로트 주에서는 25살의 모건 킨이 자기 땅에서 나무를 베다가 사냥꾼이 쏜 대구경 총알에 치명상을 입었다. 총격범은 그를 멧돼지로 착각한 것으로 조사되었다. 2021년 렌과 낭트 사이의 도로를 주행하던 67세 운전자가 사냥용 총알에 목을 맞아 부상을 입고 며칠 뒤 사망했다. 2022년에는 캉탈 지역에서 열일곱 살 사냥꾼의 오발 총격으로 배낭여행 중이던 젊은 여성이 사망했다.

대다수의 시골 거주자들은 사냥과 관련된 불안감을 호소하고 있다. 프랑스사냥연맹의 설문조사에 따르면, 농촌 지역에 거주하는 사람들의 21%만이 사냥에 '비교적 찬성'하는 반면, 55%는 '비교적 반대'(24%는 "무관심") 의견을 보여서 전국적으로는 프랑스인 5명 중 1명만 사냥에 '찬성'하는 것으로[44] 나타났다. 이는 동물 보호에 대한 감수성이 높아진 것이라고도 설명할 수 있다. 설문조사 응답자 중 82%가 사냥개를 이용한 사냥에 반대한다고 대답했고,[45] 84%가 굴사냥 금지에 찬성하는[46] 등 잔인한 사냥 관행에 대한 거부감은 더욱 높았다. 최근 몇 년 동안 다양한 기관에서 실시한 여론조사 결과도 비슷했다. 심지어 사냥꾼들이 직접 의뢰한 설문 조사에서도 이런 관행은 부정적으로 인식되었다.

그러나 사냥이 여전히 정치인들의 강력한 지지를 얻고, 생물 다양성을 위협하는 가장 잔인한 행위들이 여전히 허용되고 있는 것은 어떻게 설명할 수 있을까? "그들은 로비에 능숙하며 선량한 사람들을 압박하는 방법을 잘 알고 있다"고 알랭 부그랭-뒤부르는 말한다. 그들은 정치권과 행정부에서 영향력을 행사할 줄 알며 사람들을 접줘서 자신들의 이익을 관철시킨다. 프랑스 사냥연맹의 수석 로비스트인 티에리 코스테는 선출직 공무원들을 조종하는 방법에 대해 놀라울 정도로 솔직하게 털어놓는다. 그는 〈라 크루아 La Croix〉 신문과의 인터뷰에서 "사냥을 옹호하는 것이 농촌 생활의 전통을 옹호하는 것과 같다는 생각은 잘못된 등식이지만, 우리는 이런 등식을 사람들 생각 속에 심어주는 데 성공했습니다."라고 말한 바 있다.[47]

그러나 흐름이 바뀌고 있다. 동물 보호론자들의 목소리가 점점 더 커지고 있는 것이다. 이런 상황에서 우리는 무엇을 해야 할까? 피에르 리고는 이렇게 얘기한다. "시골에 땅을 가지고 있다면 자기 땅에서 사냥을 못 하도록 필요한 조치를 취하세요. 마을 협의회와 지역 위원회에 참여해 사냥터를 개방하지 않도록 결의하세요. 자연 및 동물 보호 협회에 가입하세요. 무엇보다도 시급한 것은, 멸종 위기에 처한 종의 사냥을 중단하고 가축에게 부여된 권리를 야생동물에게도 적용하는 것입니다."

이제는 우리의 목소리를 내야 한다. 단지 생존을 원할 뿐 아무런 해악도 끼치지 않는 야생동물에게 가하는 잔인한 행위에 동조하는 사람은 많지 않다. 야생동물이 우리를 두려워하는 데에는 그만한 이유가 있다. 이제는 야생동물을 대하는 우리의 태도를 바꿔야 한다. 그들을 우리의 이웃이라고 생각해야 한다. 그들을 존중하고, 함께 시간을 보내며, 감탄하고, 관찰하자. 얼마 전 가족끼리 산책을 하다가 운 좋게 노루 두 마리를 만났다. 두 마리는 잠시 멈춰 서서 우리를 바라보다가 평화롭게 가던 길을 갔다. 딸과 아내를 보니 눈을 반짝이며 조용히 웃고 있었다. "귀여워!" 이제 막 두 살이 된 짐이 속삭였다. 이제 그런 순수함을 되찾아야 한다. 마음을 열고 총을 잠재우자.

5

모두를 위한 안식처

" 다른 모든 종과 마찬가지로 인간도 자연의 일부이며 그 안에서 마땅히 지켜야 할 자리가 있다. 이제 우리는 다른 생명체와 좋은 이웃 관계를 맺고 침략자의 갑옷을 벗어 던져야 한다."

나무 꼭대기를 올려다보면 나뭇잎밖에 안 보인다. 구름 사이로 한 줄기 햇살이 비칠 때까지 기다려야 나뭇잎의 정체를 알수 있다. 그 순간 수백만의 나뭇잎들이 하늘로 날아오른다. 나뭇잎들은 공중에서 미친 듯 교차하며 순식간에 주변의 모든 공간을 뒤덮는다. 내 몸도 예외는 아니다. 그들이 날아와 앉는다. 팔과 어깨, 신발, 머리카락까지… 제왕나비는 인간을 두려워하지 않고 우리 몸을 착륙장으로 이용한다. 갑작스레 움직이면 안되고 침착함을 유지하는 것이 중요하다. 주황색과 검은색 날개에 흰색 반점을 지닌 이 매혹적인 생물은 매우 연약해서 자꾸만지려고 하면 죽을 수도 있다.

제왕나비들의 특별한 여행

사방 어느 곳을 봐도 날아다니는 수천 마리의 나비들뿐이다. 이 숨 막히는 광경은 세계 어디에서도 볼 수 없는 장관이다. 나는 멕시코 미초아칸 주의 해발 약 3천 미터 고원에 서 있다. 오캄포 마을 근처에는 매년 제왕나비의 이주를 반겨주는 엘 로사리오 숲 보호지역이 있다. 이 곤충은 정착 생활을 하지 않는다. 가을이 되면 미국과 캐나다의 서식지를 떠나 겨울을 나기 위해 따뜻한 멕시코로 날아온다. 하루 50~80킬로미터씩 4천 킬로미터까지 이동한다. 날개를 펼쳐 봐야 손바닥만 한 곤충치고는 놀라운 이동 거리다. 더 놀라운 건 내가 지금 보고 있는 이 나비들이 지금껏 한 번도 해 본 적이 없는 여행을 떠나왔다는 것이다. 수명이 몇 달을 넘지 못하기 때문에 앞으로도 이런 여행은 다시 없을 것이다.

어떤 신비한 이유에서인지 제왕나비들은 몇 세대에 걸쳐 몇 헥타르밖에 되지 않는 이 작은 숲으로 돌아오고 있다. 이들은 특정 유형의 나무를 좋아한다. 고도와 습도에 잘 적응하는 큰 침엽수인 오야멜전나무이다. 아직 햇빛이 비치기 전 제왕나비들은 체온을 유지하기 위해 이 나무의 가시에 무리를 지어 머문다.

제왕나비들이 이런 특별한 피난처를 찾게 된 것은 호메로 고메즈의 덕이 크다. 이 열정적인 멕시코인은 1986년 나비의 월동지를 보호하기 위해 엘 로사 리오 보호지역을 공동 설립했다. 나는 그를 만나 존경을 표하고 싶었다. 하지만 안타깝게도 그럴 수 없게 되었다. 그의 헌신은 큰 대가를 치렀다.

제왕나비

2020년 1월 14일, 당시 50세였던 호메로는 실종되었고, 15일 뒤에 그의 시신이 우물 바닥에서 발견되었다. 살해당한 것이다. 현재 그의 죽음에 대한 수사는 거의 중단된 상태다.

호메로와 20년을 함께 산 아내 레베카는 "제왕나비는 그의 삶"이었다고 회상한다. 벽이 고인의 사진으로 뒤덮인 소박한 집에서 그녀를 만났다. 거의 모든 사진 속에서 호메로는 나비에 둘러싸여 있다. "일어나면 아침도 먹지 않고 곧장 보호지역으로 가곤 했어요. 호메로는 나비를 위해 싸웠고 동시에 숲을 위해 싸웠어요. 그래서 사람들이 나무를 베는 것을 막으려 했죠." 그녀의 생각에 호메로가 많은 적을 두었던 이유는 거기에 있다. 이 지역에선 부패한 멕시코 당국의 묵인 아래 많은 범죄 단체들이 자연의 작은 공간까지 노리고 있다. 숲은 점점 파괴되고 있다. 나무를 베어 팔고 그 자리에 농작물을 재배한다. 탐사 팀과 함께 미초아칸 주를 여행하는 동안 나도 숲이 베어지고 불타는 장면을 수없이 목격했다.

호메로의 무덤 앞에서 동생 아마도는 한숨을 쉬었다. "환경과 천연자원 또는 나비를 보호하려는 활동가들이 많이 살해당했어요. 모두 입을 열기 두려워해서 수사가 제대로 진행되지 않는 경우가 많습니다. 뭔가 목격했어도 보복이 두려워 입을 다물고 말죠." 그러나 호메로는 침묵하지 않았다. 그는 소셜 네트워크에 숲의 아름다움을 알리며 숲을 보호하는 일의 중요성을 설명하는 동영상을 올렸고, 나비 보호구역을 지켜줄 것을 호소했다. 하지만 강력한 마약 카르텔에 맞서 혼자서 할 수 있는 일은 없었다. "그들을 만나려고 하지 마세요. 그들에 대해 이야기하는 것조차 위험합니다." 아마도가 경고한다.

멕시코인 연락책[48] 덕분에 우리는 현지의 범죄 조직원과 접촉할 수 있었다. 지금 이곳에서 일어나고 있는 일들을 이해하기 위해 그들과의 대화가 꼭 필요했다. 며칠 뒤 그가 지금 언론의 관심이 집중된 나비 보호구역에서 멀리 떨어진 언덕 위의 숲으로 우릴 초대했다. 작지만 다부진 몸매를 지닌 40대의 카르텔 조직원의 공식 직업은 경찰관이었다. 멕시코 관료의 부패가 얼마나 심한지 알 수 있었다. 그는 신원을 알 수 없는 세 사람과 동행했는데, 모두 후드를 쓰고 있었다. 현재 그들의 사업 목록에 코카인 밀매는 없다. 같은 불법 행위이면서도 덜 위험한 벌목 사업에 발을 들어놓으려 하고 있기 때문이다.

그들을 따라 진흙투성이의 구불구불한 언덕길을 올라간다.

그중 두 명은 도끼를, 리더 격인 베테랑 경찰관은 전기톱을 들고 있다. 30분 동안 숲을 통과한 일행이 중간 크기의 소나무들을 목표물로 점찍었다. 몇 분 만에 첫 번째 나무가 베어졌다. 카르텔 조직원들은 이 나무를 멕시코에서 4일치 임금에 해당하는 약 20유로에 판매할 것이다.

벌목꾼의 출입이 금지된 이 지역에서 사업을 시작한 것은 그들이 처음이 아니다. 문득 앞이 환하게 열리고 나무들이 시야에서 사라진다. "예전에는 이곳에 키 큰 나무가 있었는데, 벌목꾼들이 모두 베어 버렸어요." 갱단 리더가 말한다. "이곳뿐 아니라 이 지역 전체에서 일어나고 있는 일입니다. 모든 산에서 삼림 벌채가 행해지고 있는 거지요."

그의 동료 중 한 명에게 호메로가 이 전쟁에 맞서려다가 살해당했다는 소문이 맞는지 물어보았다. "땅을 개간하려는 사람들과 맞서려 했다면 놀라운 일이 아니죠. 이곳에서 꽤 잘 알려진 호메로 같은 사람을 살해하려면 1만 유로나 그 이상의 비용을 지불해야 해요." 숲 벌채를 막는 마지막 장애물만 제거하면 순식간에 회수할 수 있는 금액이다. 하지만 목재 밀매는 대규모 삼림 벌채의 첫 번째 목표가 아니다. 훨씬 수익성이 높은 사업은 따로 있다. "목재로 돈을 벌기도 하지만 주요 목표는 아보카도를 심을 땅을 확보하는 겁니다." 리더가 말한다.

미초아칸의 녹색 황금

멕시코 아보카도의 4분의 3이 미초아칸 주에서 재배되고 있으며, 매년 20억 유로 이상의 현지 수익을 창출한다. 세계 소비량이 10년 만에 두 배로 늘어나면서 점점 이 보물을 재배할 땅이 많이 필요해졌다. 프랑스는 미초아칸 주로부터 매년 약 7천 톤의 아보카도를 수입하면서 개간의 압박에 동참하고 있다.

멕시코의 천연림은 생태계의 보고이긴 하지만 단기간에 많은 수익을 만들어주지 못한다. 일확천금의 유혹은 숲을 아보카도 나무로 대체하도록 그들을 밀어붙인다. 제왕나비와 다른 야생 동물, 그리고 호메로 고메즈에게는 비극적인 일이다.

로스 레예스에서 우리 팀은 지역 자위대와 함께 하루를 보냈다. 주로 농부인 40여 명의 남성들로 이루어진 단체는 차량을 타고 아보카도 밭과 인접한 도로를 순찰한다. 전쟁용 무기로 무장하고 얼굴을 가린 채 그들은 차량과 행인을 확인하여 카르텔 조직원들이 귀중한 녹색 과일에 접근하지 못하도록 막는다.

우리는 그들의 픽업트럭 중 하나에 올라탔다. 장면은 초현실적이다. 사방에 경찰 한 명 얼씬하지 않는 공공장소를 그들이 스스로 지키고 있다. 산탄총으로 무장한 한 청년이 설명한다. "마을과 농작물을 지키고 싶었을 뿐입니다. 원치 않았지만 그들이 우릴 이렇게 만들었어요." 한 손에 소총을 든 다른 청년이 말한다. "우리는 그들을 맞을 준비가 되어 있습니다. 당국은 우리를 보호하기 위한 아무런 조치도 취해주지 않아요."

재배자들은 아보카도를 판매할 때마다 돈을 요구하는 범죄 집단을 더 이상 참을 수 없었다. "할리스코 카르텔은 우리가 생산하는 아보카도 1킬로그램마다 돈을 요구했어요. 킬로그램당 40유로를 청구하기 때문에 1백 톤을 수확하면 4천 유로를 줘야 했죠. 설상가상으로 그들은 마을 사람들을 납치하고 석방 조건으로 20만 유로에서 40만 유로를 요구했습니다. 우리는 항상 돈을 준비해야 했어요." 민병대 지도자 중 한 명의 설명이다.

민병대원들은 카르텔의 탐욕 때문에 삼림 벌채가 가속화되고 있다고 주장한다. 빨간 모자를 쓰고 칼라시니코프 소총을 든 한 남자는 "소나무가 많은 땅만 보면 베어 버리려고 덤벼든다"고 말한다. 자신을 '델타 사령관'이라고 부르는 사람이 이 그룹을 이끌고 있다. 민병대원이 무기로 언덕을 가리키며 말한다. "이곳 땅도 곧 아보카도 밭으로 대체될 겁니다. 벌써 사방이 아보카도 밭인데 말이에요. 정부는 너무 부패해서, 우리라도 나서지 않으면 얼마 남지 않은 작은 숲까지 모두 사라져 버릴 겁니다." 미초아칸에서는 탄원서보다 돌격소총이 더 설득력이 있다.

아마존이 사라지고 있다

아보카도를 둘러싼 전쟁은 인간이 끝없이 야생의 공간을 침범한 결과가 어떤지 보여주는 사례다. 우리는 이렇게 눈앞의 이익을 위해 다른 종이 사는 터전을 마구 파괴하고 있다. 이곳에서는 제왕나비가 비싼 대가를 치를 위험에 처했다. 보호해 줄 오야멜자작나무가 없으면 제왕나비들은 더 이상 따뜻하게 겨울을 보낼 수 없게 된다. 이런 상황들이 전 세계에서 되풀이되고 있다. 인간의 끝없는 팽창 욕구가 생명을 파괴하는 주요 원인이 되고 있는 것이다. 유엔 과학자들에 따르면 현재까지 지구 생태계의 75%가 인간의 활동으로 파괴되었으며, 앞으로 몇십 년 안에 1백만 종에 가까운 동식물이 서식할 땅이 없어 지구상에서 사라질지도 모른다고 경고한다.[49] 세계 야생 척추동물의 개체수는 1970년에서 2014년 사이에 60%가 감소했다.[50] 이런 감소의 주요 원인은 토지의 변화, 즉 야생 지역이 경작지나 도시로 변했기 때문이다.

육류를 생산하려면 넓은 공간이 필요하다. 따라서 육류 위주의 식단은 이러한 현상에 큰 영향을 미친다. 세계 농경지의 약 70%를 축산업이 독점하고 있다. 우리 식탁에 오르는 수십억 마리의 동물을 기르기 위해 천문학적인 양의 식물을 재배해야 하는 것이다. 프랑스 환경및에너지관리국(Ademe)에 따르면 비건 채식주의자에게는 1년에 1천3백 제곱미터의 농지가 필요한 반면, 프랑스 국민 평균인 하루 107g의 고기를 먹는 사람에겐 4천3백 제곱미터의 농지가 필요하다. 그리고 하루에 약 170g의 고기를 먹는 육식주의자를 위해서는 6천 제곱미터의 농지가 필요하다.

2020년 말 아마존을 취재하는 동안 이 수치는 나에게 매우 현실적으로 다가왔다. 세계 육상 생물의 10~15%가 서식하는 세계 최대의 적도 숲이 사라지고 있는 것이다. 2000년부터 2018년까지 프랑스 본토와 비슷한 면적(한반도의 2.3배에 해당)인 513,016km²가 사라질 만큼 빠른 속도로 삼림 벌채가 진행되고 있다. 아마존은 예상보다 빠르게 '티핑 포인트'에 접근하여 열대 초원으로 변할 수 있다.[51] 이 숲에 사는 원주민뿐만 아니라 수많은 생물종에게는 사형 선고가 될 것이다.

▼티핑 포인트(tipping point)
어떤 현상이 서서히 진행되다가 다시 회복될 수 없는 극적인 전환점에 이르게 되는 순간을 말한다.

우리가 통과하는 마투그로수 주에는 콩밭이 지평선 끝까지 뻗어 있다. 콩은 수천 년 유지되던 이곳의 생태계를 대체했다. 주로 가축을 먹이기 위한 것이다. 프랑스 축산 농장에서는 삼림 벌채의 원인이 되는 이 콩을 수입하고 있다. 여러 번의 거절 끝에 브라질의 한 농부가 마침내 우리에게 자기 소유지의 문을 열어 주었다. 그의 이름은 인발도 푸에카리스타. 60대에 가까운 작은 키의 이 사내는 파란 셔츠에 카우보이모자를 쓰고 백발이 성성한 머리를 하고 있다. 그는 파리의 절반 크기에 해당하는 50제곱 킬로미터의 대농장에서 3천 마리의 소를 키우며 거대한 콩밭도 함께 경작하고 있다. "저 소들 중 450마리는 다음 주에

도축될 예정입니다. 고기는 유럽으로 보내질 거예요." 그가 멀리 떨어져 있는 다른 영지를 가리키며 말한다.

자기 영지로 가기 위해 그는 우리를 픽업트럭에 태워준다. "여기에 글리포세이트를 뿌려서 정리한 다음 콩을 심을 겁니다." 헐벗은 땅을 지나며 그가 설명한다. 그가 심을 유전자변형 콩은 발암 물질로 의심되는 악명 높은 제초제도 이겨낼 수 있는 생명력을 가졌지만, 그 밖의 다른 어떤 생물들도 이 제초제 앞에 살아남을 수 없다. 인발도가 처음 정착했을 때만 해도 이곳의 대부분은 원시림으로 덮여 있었다. 그는 기계와 불을 이용해 '거의' 모든 것을 정리했다. 그는 농지 사막 한가운데에 작은 숲 한 조각을 남겨두었다. "이건 내 손녀를 위한 것입니다. 손녀에게 아마존 열대우림이 어떤 모습이었는지 보여주고 싶었거든요." 그가 자랑스럽게 말한다.

나는 혼란스러웠다. 야생동물들의 자연 서식지를 없애고 대량 생산되는 단일 작물로 대체했지만, 인발도는 자신이 파괴한 세상을 후손들에게 보여주기 위해 작은 숲을 보존하는 것을 진심으로 기뻐하는 것 같다.

곤충이 죽으면 새도 죽는다

우리가 사는 땅에서도 야생동물들의 서식지가 침범당하고 있다. 농경지에 살충제를 대량으로 사용하면서 곤충들이 멸종하고 있다. 지난 30년 동안 유럽에서 곤충 개체수는 75%나 감소했다.[52] 그 피해는 먹이를 곤충들에 의존하는 농경지의 새들에게 고스란히 돌아가고 있다. 곤충들의 수는 1990년대 초부터 급격히 감소하기 시작했다.

나는 상황을 더 잘 이해하기 위해 3월의 어느 추운 아침에 되세브르 주의 한 시골길에서 뱅상 브르타뇰과 만났다. 그는 생물학자로, 프랑스국립과학연구소의 책임 연구원이자 프랑스를 대표하는 조류 전문가 중 한 사람이다. 코에는 직사각형 안경을 걸치고 목에는 쌍안경, 손에는 종이를 든 뱅상이 주위를 둘러보며 무엇엔가에 귀를 기울인다. "아, 저 소리 들리세요? 뒤에서는 종달새가 노래하고 서쪽으로 50미터쯤 떨어진 곳에서는 홍방울새 소리가 들리네요. 조금 전에는 박새 한 마리와 까마귀 두 마리, 그리고 남쪽에서 막 올라온 철새인 청둥오리 소리도 들었어요."

오늘처럼 바람이 세차게 부는 날에도 뱅상은 백여 종이 넘는 새들의 노래를 정확하게 구별할 수 있다. 1990년대부터 그의 팀은 니오르 남쪽의 450km²에 달하는 곡물 재배 평야에서 조류 개체수를 조사해 왔다. 이 조사는 들판에 흩어진 수십 개의 '청취 지점'에서 각 개체와 종의 존재 여부를 기록하는 힘든 작업이다. 뱅상은 상당한 양의 데이터를 축적했고, 그 결과 27년 동안 농경지의 주요 번식 조류인 황조롱이의 개체 수가 41%나 감소했다는 심각한 결론에 다다랐다.

"빙하가 녹아내리는 것처럼, 평소에는 잘 느끼지 못합니다. 하지만 오랜 기간 동안의 그래프를 비교해 보면 알 수 있어요. 곡선을 보면 소름이 돋아요. 시골이 정적에 휩싸이고 있습니다. 새는 생태계의 건강 상태를 나타내는 지표이기 때문에 정말 심각합니다. 새가 건강하지 않다는 것은 다른 것들도 모두 건강하지 않다는 신호죠. 한편으로는 인간의 문화적 환경 문제이기도 합니다. 한 생물종으로서 우리는 새소리가 공간을 지배하는 환경에서 진화해 왔어요. 따라서 새소리는 우리에게 좋은 소리이고 정신 건강에 유익한 영향을 줍니다. 이 공간이 침묵으로 빠져들 때 우리는 미지의 다른 세계로 들어가는 겁니다."

연구자들에 따르면 살충제는 조류 감소의 가장 큰 원인이라고 한다. 2022년에 발표한 프랑스농업연구소(INRAE)와 프랑스해양탐사연구소(Ifremer)의 조사[53]에 따르면 살충제 오염은 모든 환경에 영향을 미친다. 이 영향은 농약을 사용하는 농업 지역에 집중적으로 발생하여 강과 바다, 때로는 극지방이나 심해까지 퍼져 간다. 프랑스농업연구소의 생태독성학 연구원 스테판 페쎄는 AFP통신 발 기사에서 "지난 20년 동안 발표된 연구 결과는 살충제가 특정 개체군 감소의 주요 원인 중 하나라는 강력한 증거를 보여주고 있다"고 말하고 있다.

새들은 다른 문제로도 고통을 받는다. 불과 몇십 년 전까지만 해도 농지의 한 요소이던 울타리, 숲, 연못이 점차 사라지면서 새들이 쉬고, 번식하고, 둥지를 틀고, 먹이를 구할 곳이 없어진 것이다. 과거 농부들은 땅을 구획하거나 가축의 이동을 막기 위해 자연 울타리를 두었다. 그러나 대규모 농업이 행해지면서 농기계에 장애물이 된다는 이유로 울타리의 대부분이 파괴되었다고 뱅상은 말한다.

경관이 획일화된 것도 서식지 파괴의 한 요인이다. 농부의 수가 크게 줄고 집약 농업이 이루어지면서 농경지는 넓어지고 작물은 전문화되었다. 작은 면적에서 가축을 기르고 다양한 작물을 재배하던 소규모 농장들은 거대한 단일 작물 재배지로 바뀌었다. 하지만 생물 다양성을 보존하기 위해서는 울타리, 다양한 농작물, 휴경지, 수풀 등의 다양한 서식지가 필요하다. 새들은 농약을 사용하지 않고 곤충이 번식하는 초원을 좋아한다. 1970년대에는 뱅상의 연구 지역에서 초원이 차지하는 비중이 70%에 이르렀지만 지금은 14%뿐이다.

소는 풀 대신 단일 품종으로 대량 재배한 옥수수나 콩을 더 많이 먹게 되었다. 닭과 돼지 중 일부는 농약을 뿌린 너른 땅에서 자란 밀을 먹고 자란다. "우리 주변의 들판은 생물 다양성의 사막이 되었습니다. 사실상 아무것도 남지 않았어요. 야생식물도, 곤충도, 새도, 아무것도 없습니다. 이것은 우리가 생각하는 것보다 훨씬 빨리 우리를 어려움에 빠뜨릴 겁니다. 곤충, 지렁이,

새, 다양한 식물은 작물 순환에 필수적이기 때문에 생물 다양성이 사라지면 농업 생산량은 감소할 수밖에 없어요. 죽어버린 토양에서는 우리가 사는 데 필요한 것들을 생산할 수 없습니다. 농사는 자연을 거스를 수 없어요."

하지만 해결책은 있다. 뱅상은 정치적 무관심과 농화학 업계의 끈질긴 로비에도 불구하고 농부들과 함께 문제 해결을 위해 싸우고 있다. 그에게 가장 시급한 것은 농약 사용을 대폭 줄이고 생태 농법을 개발하여 야생동물의 서식지를 재건하는 것이다. 연구 지역 농지의 70%가 대규모 농장의 가축들을 위한 식량 생산에 사용되기 때문에 육류 소비를 대폭 줄여야 한다. 모든 길은 로마로 통하듯이 생물 다양성 보존의 모든 길은 친환경 식품으로 이어진다.

괴물이 출몰하는 바다

도시화와 토양 개간으로 동물들의 생활 공간이 줄어들고 있다. 나는 툴루즈 남쪽 로라게의 한 마을에서 자라났다. 학교에 가려면 국도를 따라 버스를 타고 시내까지 가야 했다. 그 풍경이 기억난다. 마을과 마을 사이에 들판과 작은 숲이 펼쳐져 있었다. 하지만 지금은 주거 단지로 바뀌었다. 툴루즈의 도시 지역은 계속 팽창하여 농촌은 소도시로 변했다. 어린 시절의 추억과 고향의 풍경을 비교해 보면 대부분 나와 비슷한 기억을 가지고 있을 것이다.

태어나서부터 나는 여름 휴가를 베르메유라는 지중해안의 가족 주택에서 보냈다. 집은 소나무 숲 한가운데에 있었는데, 사람이 많아 방이 모자라거나 너무 더울 때엔 텐트를 치곤 했다. 집은 자갈길을 걸어가면 만나는 작은 만을 내려다보고 있었다. 나도 다른 가족들과 마찬가지로 물갈퀴, 마스크, 스노클을 착용하고 하루에 한 시간 이상 물놀이를 즐겼다.

그때의 경이로움은 여전하지만, 안타깝게도 나는 여름마다 이곳의 바다 밑이 황폐해지는 것을 목격한다. 20년 전보다 물고기의 수가 많이 줄었고, 그루퍼(농어의 일종) 같은 물고기는 희귀 어종이 되어 버렸다. 무엇보다 만의 해저 대부분을 덮고 있던 포시도니아 초원이 크게 줄어들어 몇 군데밖에 남지 않았다. 해류를 따라 물결치는 이 양생식물(바다와 육지 모두에서 사는 식물)은 지중해 생태계에 필수적이다. 각종 물고기들의 서식지이고, 동물들의 먹이가 되어 주며, 산소를 생산하고, 해안 침식을 막아 준다. 과학자들은 이 해초가 지중해 전역에서 감소하고 있으며 전반적으로 열악한 상태에 있다고 경고한다. 포시도니아에게 최대의 적은 보트의 닻이다. 보트를 타는 사람들은 만에 정박할 때 조심성 없이 해초밭 한가운데에 닻을 내리곤 한다. 포시도니아는 약간의 돌풍만 불어도 체인에 긁혀 큰 피해를 입는다. 마찬가지로 닻을 끌어 올릴 때에도 포시도니아는 쉽게 찢어진다. 문제는 이 식물이 매우 느리게 자란다는 점이다. 성장하는 데 수십 년이 걸리지만 파괴되는 것은 몇 초면 충분하다.

나는 동생 자비에와 함께 해초밭에서 닻을 발견하면 보트 주인에게 다음부터 조심하라고 충고한다. 보트를 타는 사람들 대부분은 몰랐다며 내 충고를 받아들인다. 물이 맑은 바다에서는 수면 밑의 포시도니아를 선명하게 볼 수 있다. 해초층을 보호하기 위해 포시도니아가 분포한 지역은 부표로 표시하고 정박을 금지할 필요가 있다. 수십 미터 떨어진 곳에 닻을 내리는 것이 가장 좋은 방법이다. 일부 해변에서는 더 이상 보트가 드나들 수 없겠지만 해양 동물들의 서식지는 보호될 것이다. 포시도니아가 어류 번식에 중요한 역할을 한다는 것을 잘 아는 어부들은 보호에 적극 찬성하고 있다.

평화지대를 만들자

야생의 자연과 우리 인간의 관계를 시급히 바꿀 필요가 있다. 우리는 자연을 우리의 소유물로 생각하고 공간을 마음대로 사용해도 된다고 생각한다. 경제적 이익이 생태계의 건강보다 먼저라고 보는 것이다. 포시도니아가 필요한 물고기나 숲에 의존하는 아마존 동물의 생명권은 유람선이나 축산업이 가져다주는 경제적 이익에 비하면 중요하지 않다. 인간은 모든 환경을 식민지로 삼으며 생물 다양성의 파괴를 부추기고 있다. 재앙을 피하기 위한 우리의 노력은 다른 생명체를 위해 약간의 공간을 남겨 두는 것으로도 충분하다. 자연을 우리의 '보호 아래' 두자는 얘기가 아니다. 다른 모든 종과 마찬가지로 인간도 자연의 일부이며 그 안에서 마땅히 지켜야 할 자리가 있다. 이제 우리는 다른 생명체와 좋은 이웃 관계를 맺고 침략자의 갑옷을 벗어 던져야 한다. 이 행성의 다른 거주자들에게 주는 피해를 줄이기 위해 우리의 해로운 활동을 막을 수 있는 평화 구역을 만들자는 뜻이다. 과학자들은 생물 다양성을 회복하고 수십만 종의 생물을 멸종으로부터 구하려면 지구 표면의 30% 정도가 보호되어야 한다고 말한다. 하지만 이 목표를 달성하기 위해서는 갈 길이 아직 멀다.

2020년 현재 내륙과 해안 수생태계의 16.64%, 연안 및 해양의 7.74%가 보호지역에 속해 있다.[54] 2010년 이후 보호지역이 42% 증가하는 등 진전이 있었다. 겉으로 보기에는 무척 고무적이지만, 겉보기에만 그럴 뿐이다. 사실상 이 수치는 아무 의미가 없다. 해양보호지역(Marine Protected Area)을 예로 들어보자. 해양보호지역에는 완전, 높음, 낮음, 최소의 4가지 보호 수준이 있다.[55]

처음의 '완전'과 '높음'은 해양 환경을 실질적으로 보호하는 단계로서, 어떠한 종류의 광업이나 광물 탐사도 허용되지 않으며, 배의 정박은 물론 낚시까지 금지되거나 엄격하게 제한된다.

레저 활동을 위한 접근도 제한되며, 해안 기반 시설을 최소한으로 유지해야 한다.

마지막 두 단계인 '낮음'와 '최소'는 사실상 명분에 불과하다. 공식적으로 광물 채굴은 금지되지만, 닻을 내리고 낚시하는 것은 허용되며, 고밀도 양식을 포함한 다양한 양식이 가능하고, 거대 기반 시설도 허용된다. 보다시피, 높은 두 단계의 보호 수준만 실질적으로 해양 생태계를 보호해 주지만 사실상 이런 곳은 찾기 힘들다.

육지도 문제는 마찬가지다. 특히 자연보호지역이나 공원 등 공식적으로는 '보호 대상'인 많은 지역이 실제로는 거의 보호되지 않고 있다. 세계자연보전연맹(IUCN)은 "생물 종의 보호에 효과적인 관리체계 및 계획을 가진" 지역을 선정하는 '그린 리스트'를 작성했다. 하지만 세계의 20만 개가 넘는 보호지역 중 0.1%도 안 되는 약 60개 지역만 이 목록에 포함되었다. 실제로 보호되는 지역의 비율을 늘리기 위한 싸움은 매우 중요하며, 성공하면 빠르고 눈에 띄는 결과를 보여준다. 한 지역이 보호지역으로 지정되어 나무를 베고, 인간 이외의 거주자를 죽이고, 땅을 콘크리트로 덮고, 환경을 오염시키는 행위를 멈추자마자 자연은 놀라운 회복력과 함께 생물 다양성을 되찾는다.

보호지역 지정은 그곳에 서식하는 동물들에게만 도움을 주는 것이 아니다. 바다에서는 이를 "보호지역 효과"라는 이름으로 부른다. 낚시가 금지된 지역에선 물고기가 평화롭게 살며 풍부하게 번식한다. 이에 따라 알, 유충 및 일부 개체들이 보호지역을 떠나 다른 곳에 정착하는 '수출' 효과가 발생한다. 특정 지역에 제공되는 보호는 보호받지 않는 인접 지역에까지 긍정적인 '확산' 효과를 준다. 바다의 생물들을 잠시 내버려 두는 것은 모두에게 이익이 된다. 어부들에게는 특히 그렇다. 물론 그렇게 하려면 멀리 보는 안목이 필요하겠지만 말이다.

자유로운 진화의 공간

프랑스에서는 국가의 공백을 메우기 위해 토지를 대신 매입하여 야생동물들을 위한 평화 구역으로 바꾸는 일을 전문으로 하는 협회가 있다. 야생동물 보호 협회 아스파스(Aspas)이다. 2019년에 나는 이 협회를 이끄는 활동가 마들린 뤼뱅을 만났다. 그해 아스파스는 베르코르 고원의 방대한 녹지에 있는 사냥 공원을 매입하여 보호지역으로 바꾸려는 계획을 세우고 있었다. 협회는 이미 2백만 유로 이상을 모금했지만 작업을 완료하려면 아직 15만 유로가 더 필요한 상황이었다. 나는 온라인 모금 캠페인을 시작했고 수천 명의 기부자가 이에 호응했다. 24시간 만에 모금이 완료되면서 베르코르 야생보호지역(VVS : Vercors Vie Sauvage)이 빛을 볼 수 있게 되었다.

5백 헥타르에 이르는 이곳은 내가 생각했던 낙원의 모습 그대로다. 수백 년 된 나무, 개울, 절벽, 개간지, 주변 산맥의 멋진 전망으로 이루어진 오래된 숲이 펼쳐져 있다. 전에는 수백 유로의 사냥감이었던 여러 종류의 사슴과 야생 양, 멧돼지들이 이곳에서 행복하게 살고 있다. 사냥, 낚시, 벌목은 엄격하게 금지되어 있다. 당분간은 땅을 둘러싼 울타리가 그대로 유지될 것이다. 전에는 사냥터였던 보호지역 내의 동물들은 농장 동물들로 여겨져 당국은 아스파스가 마음대로 처분하는 것을 허락하지 않는다. 방생하는 것도 금지되어서 마들린의 팀은 공원에 있는 동물들이 더는 번식하지 못하도록 대대적인 불임 수술을 시작했다. 약 15년 뒤 그들이 노령으로 죽으면 울타리를 없애고 생태적으로 소중한 이곳을 자연에게 돌려줄 것이다. 마들린은 걸어 다니며 야생동물을 관찰하는 것은 항상 가능하다고 말한다.

"우리는 사람들을 자연과 단절시키려는 것이 아니라, 파괴적인 활동 없이 야생을 위한 공간을 남겨두려는 것뿐이에요. 우리는 자유로운 진화라는 개념을 옹호합니다. 그것은 경영이나 경제적 수익의 추구 없이 자연이 스스로 잠재력과 창의력을 표현할 수 있게 만들어주는 것을 의미합니다. 이를 위해서는 특정 지역을 보존해야 합니다. 우리의 목표는 프랑스 영토의 10%에서 자유로운 진화가 이루어지도록 하는 것입니다. 현재는 1% 미만입니다. 우리는 스스로에게 올바른 질문을 던져야 합니다. 4시간이 걸리는 여정을 30분 단축하기 위해 새로운 도로를 건설하는 것이 옳을까요? 아니면 자연을 보존하면서 속도를 조금 늦추는 것이 옳을까요?"

아스파스는 현재 프랑스 내에 5개의 야생동물 보호지역을 가지고 있으며 이미 긍정적인 효과를 내고 있다. 수달, 비버, 사향고양이 같은 동물들이 앞다퉈 돌아오고 있다. 새로운 식물 종들이 나타나고, 이미 존재했던 식물 종의 밀도도 늘어나고 있다. 협회가 10년 전에 인수한 드롬 주의 그랜드 배리 보호지역에서는 늑대가 점점 많이 관찰되고 있다!

"이 지역에서 평화롭게 살아가는 야생동물들이 좋은 먹잇감이라는 걸 늑대들도 깨달은 모양입니다. 늑대가 있는 것만으로도 노루와 사슴을 분산시켜 한 데에 몰려 있거나 한곳에 오래 정착하는 것을 막아 줘요. 그래서 더 경계하고, 한곳에 머물지 않고, 나무의 어린싹을 덜 먹게 되죠. 이것은 숲에게 좋은 영향을 미칩니다! 동물들을 위한 공간을 남겨두면 사람의 개입 없이도 환경이 풍요로워집니다. 또, 오래된 나무들이 저절로 죽으면서 곤충과 새들의 은신처가 됩니다. 죽은 나무를 중심으로 모든 생명이 순환하는 것입니다."

토지를 소유하는 것은 토지를 보호하는 가장 좋은 방법이다. 생명을 지키기 위한 싸움에서 돈은 매우 중요하다. 아스파스와 같은 협회에 가입하거나 기부함으로써 협회를 지원하는 방법도 있다. 개인적으로도 행동할 수 있다. 사소해 보이는 행동도 수백만 명이 함께 나서면 엄청난 효과를 발휘할 수 있다. 여러분에게 정원이 있다면 그곳의 작은 부분을 자유롭게 진화하도록 내버려두는 것도 방법이다. 잔디를 깎지 않고 제초제를 사용하지 않으면 잡초가 우거져 각종 곤충들의 서식처가 되고 새들의 먹이가 될 것이다. 만약 당신과 이웃 사이에 생울타리가 있다면 둥지를 트는 새들을 위해 3월 15일부터 7월 31일까지는 손보지 않기를 권한다. 다른 사람에게는 더럽거나 관리되지 않은 정원처럼 보일 수 있지만 자연은 당신에게 고마워할 것이다.

아내 알렉상드라와 내가 첫 신혼집을 떠나 비아리츠로 이사했을 때 새 집에 작은 잔디밭이 있었다. 나는 잔디를 건드리지 않고 그냥 자라게 내버려두었다. 그러자 몇 달 사이에 정원이 온갖 종류의 식물들로 가득 찼다. 나비 등의 곤충들이 찾아오고 찌르레기, 까치, 참새, 유럽울새가 드나드는 등 분명한 변화가 일어났다. 딸들은 무당벌레를 찾아 초목을 뒤지며 탐험을 즐겼다. 그 집을 떠나 다른 곳으로 이사하게 되었을 때 주인은 정원을 '지저분하게' 남겨두었다고 우리를 나무랐다. 우리가 떠난지 며칠 안 돼 수풀을 모조리 베어 버렸고, 관리에 신경 쓰지 않아도 되도록 인조 잔디를 깔아 버리겠다고 했다. 나비들에게 안타까운 소식이 아닐 수 없다. 그들에게는 매 평방미터가 생존의 터전이다. 작은 발코니에서도 수분 매개 곤충들을 위한 화분을 키울 수 있다.

꽃가루의 마법

오트가론 주의 한 작은 마을로 가서 젊은 양봉가 니콜라 푸에슈를 만났다. 그는 2018년에 벌통 24개, 즉 백만 마리가 넘는 벌을 잃었다. 이웃 밭에 살포된 살충제 때문에 벌들이 한꺼번에 죽어버린 것이다. 이 트라우마로 니콜라는 가능한 한 많은 사람들에게 수분 매개 곤충을 위한 식물을 권장해야겠다는 생각을 했다. 현재 그는 협회를 통해 요청하는 모든 사람에게 수천 개의 씨앗을 무료로 나눠주고 있다. 잠두, 클로버, 파셀리아, 개자리 등 재배하기 쉽고 꿀벌이 좋아하는 종들이다. "전국 어디든, 기후에 상관없이, 땅이나 발코니에 심을 수 있는 씨앗들을 보내드립니다. 개인 정원과 야외 공간을 모두 합치면 엄청난 면적을 차지하죠. 수백만 명의 사람들이 곤충 친화적인 식물을 심게 되면 생물 다양성에 매우 긍정적인 영향을 미칠 수 있어요." 올해 니콜라와 동료들은 전국에 약 3만5천 개의 씨앗이 담긴 봉투를 보냈다. 이 운동은 점점 커지고 있다!

마을 환경운동에 참여하기

지역별 행동의 다른 방법은 자치단체와 지방의회의 행정에 적극적으로 참여하는 것이다. 지방의회는 개발, 건축 허가, 녹지 관리 등 생물 다양성에 영향을 주는 많은 결정을 내린다. 환경

인식이 높은 주민들이 의사 결정이나 협의 과정에 많이 참여하면 할 수록 해로운 개발 계획을 막을 수 있다. 그리고 2022년 1월 외르 주의 르 뇌부르에서 발생한 것과 같은 환경 재앙도 피할 수 있다.

많은 지역 주민들의 반대에도 불구하고 지역 의회는 마을 입구 가로수길의 우람한 너도밤나무를 자르기로 결정했다. 공식적인 이유는 나무를 고사시키는 곰팡이를 퇴치하기 위해서였다. 벌목을 승인한 현은 "치료법이 없다"고 말했다. 그러나 프랑스국립삼림청은 현장을 조사한 뒤 상태가 좋지 않은 나무 36그루만 벌목할 것을 권고했다. 나머지 나무에 대해서는 '안전조치', '유지보수', '공생'을 위한 가지치기를 제안했다. 그럼에도 건강한 너도밤나무를 포함하여 137그루의 너도밤나무가 모조리 벌목되었다.

프랑스 조류보호연맹은 이 조치가 생물 다양성에 미칠 영향을 경고했다. 연맹의 진단에 따르면 이 가로수길 근방에서 49종의 조류가 발견되었으며, 여기에는 지역 차원에서 멸종 위기종으로 분류된 오색딱따구리, 분홍가슴비둘기, 황조롱이 등 3종이 포함되어 있었다. 협회 활동가들은 '생태적 연속성'을 제공하는 이 장소의 높은 유산적 가치에 주목했지만 결과적으로 행정 관청의 파괴는 막지 못했다. 심지어 시민들의 반대 시위를 막기 위해 헌병의 보호 아래서 벌목이 진행되었다. 지역 당국은 나무

벌채가 "가로수길을 안전하게 만들기 위해" 꼭 필요하며, 이후엔 "기후 조건에 더 맞는" 나무를 심을 것이라고 주장했다.

하지만 진실은 다른 데에 있는 것 같다. 한 언론이 확보한, 벌목 회사에서 시청에 보낸 견적서에 따르면, 137그루를 벌목하는 데 드는 비용이 30그루를 벌목하는 데 드는 비용의 절반밖에 되지 않았다. 이 회사가 벌목한 건강한 나무를 판매하면 돈을 마련할 수 있기 때문에 지방자치단체에 싼값의 벌목 비용을 청구할 수 있었던 것으로 추측된다. 이런 금전적 문제가 생물 다양성 파괴의 주된 이유였던 것이다. 나무가 베어진 지 두 달 뒤, 환경 단체의 제소에 따라 시의회와 현은 법원의 판결을 뒤집었다. 하지만 이미 나무가 베어진 뒤였기 때문에 되돌리기엔 늦은 상황이었다. 그래서 돌이킬 수 없는 결정이 내려지기 전에 지방자치단체의 결정에 가능한 한 많이 참여하는 것이 중요하다.

도시의 경계동물들

이런 싸움은 시골뿐만 아니라 도시에서도 벌어진다. 도시에서도 우리는 다른 종과 함께 잘 사는 법을 배워야 한다.

"도심에도 동물은 어디에나 존재합니다. 하지만 눈에 띄지 않는 만큼 서로에게 관심이 없어요." 경계동물 보호 협회인 파리 동물도시(PAZ : Paris Animals Zoopolis) 회장 아망드 샹스비스의 말이다. '경계동물'이란 새, 쥐, 토끼나 공원에 사는 다람쥐처럼 가축이 아니면서 우리와 이웃해 사는 모든 동물을 말한다.

회장인 아망딘 상스비스와 파리 19구의 루브레 강둑에서 만났다. 바로 눈앞에서 물닭의 한 종류인 유라시아물닭 한 마리가 어린아이와 함께 둑 위로 올라온다.

"그렇게 안 보이지만, 이곳은 다양한 생물들의 안식처랍니다. 27종의 동물들이 살고 있는 것으로 보고되어 있고 그중에서 울새, 물총새, 백조 등 9종이 보호종이에요. 왜 이렇게 종이 풍부하냐고요? 사람들이 찾지 않는, 거의 버려진 곳이기 때문이죠." 아망딘이 설명한다.

콘크리트와 높은 건물들 사이의 좁고 더러운 물길은 볼거리도, 산책할 곳도 별로 없다. 그러나 그래서 훨씬 좋다! 평화롭고 조용한 땅을 찾는 게 가장 힘든 일인 동물들에게는 황무지나 버려진 땅이 보물창고와도 같기 때문이다. "요즘 도시의 공원과 정원은 모두 인간을 위해 꾸며져 있어요. 우리는 예쁜 꽃을 심고 가꾸지만 동물에게는 관심 밖인 경우가 많죠. 무엇보다 동물들이 둥지를 틀고, 휴식하고, 번식하려면 키가 큰 풀과 덤불이 필요해요. 실제로 이런 곳을 찾기 어려운 이유는 우리에게는 더러운 곳으로 여겨지기 때문이죠." 아망딘의 설명이다.

이렇게 환경이 열악한데도 왜 동물들이 도시에 살게 되었는지 궁금한 사람들이 많을 것이다. 이에 대해 니콜라 질술은 도시에는 살충제가 거의 없고, 더 따뜻하고, 음식과 물이 풍부하고, 시골보다 포식자가 적은 등 많은 장점들이 있기 때문이라고 설명한다. 건축가인 그는 동물들에 맞는 도시를 설계하고 있다.[56]

"가장 큰 이유는 도시가 점점 넓어지고 있기 때문이에요. 마을이 야생동물들의 영역을 침범한 것입니다. 예를 들어 파리의 수도권 지역은 여러 도시들이 이어져 거대한 콘크리트와 아스팔트 단지를 이루고 있습니다. 하지만 모든 곳에는 구멍과 틈이 있고 그곳마다 떼 지어 사는 생명들이 있습니다. 그래서 파리 한복판에 있는 페르-라셰즈 묘지에서 여우를 발견할 수 있는 거죠."

인간들이 비워둔 공간에 갇히면서 여우들은 더 자주 출몰하게 되었다. 파리의 부동산 가격을 고려하면 집세도 안 내고 앵발리드의 앞뜰에 사는 토끼들은 횡재한 셈이라고 말할 수 있을 것이다. 이 동물들과 조화롭게 살려면 그들에게 더 많은 공간을 제공해주어야 한다. "도시의 작은 부분을 동물들에게 양보하는 데 동의해야 합니다." 건축가는 말한다. 즉, 공원과 정원의 특정 구역에 일반인의 접근을 제한하고 생태 통로, 즉 연결된 녹지대를 만들어 여러 동물들이 맘대로 도시를 드나들도록 해야 한다는 것이다. 베를린에 수천 마리의 멧돼지가 서식하는 것은 이 마법의 통로를 개척하는 데 성공했기 때문이다. 마찬가지로 파리는 센 강변의 경작되지 않는 지역들을 야생동물들의 통로로 남겨둘 수 있다.

여기서 동물의 이해관계는 인간의 이해관계와 일치한다. 기후 변화로 인한 기온 상승에 대처하려면 콘크리트의 '오븐 효과'를 차단하는 도시의 녹지화가 시급하다. 그러나 기존의 방식만으로는 부족하다. 니콜라 질술의 말에 따르면 일부 건물의 외벽에서 볼 수 있는 수직 정원은 잘못된 아이디어일 수 있다. 예기치 않게 새들이 충돌할 위험이 있기 때문이다. 예를 들어 라데팡스 상업 지구의 고층 유리타워 바깥에 심어진 나무들은 새들이 내려앉으려다 창문이나 외벽에 부딪힐 위험이 있다.

▼ 라데팡스(La Défence)
파리 서쪽에 세워진 계획 신도시. 옛 건물들이 많은 고풍스런 파리 시내와 달리 현대적 건축디자인의 고층건물들이 많이 들어서 있다.

"도시 중심에 버려진 땅을 몇 군데 남겨두는 것이 돈을 들여 친환경 건물을 짓는 것보다 생태적으로 몇천 배는 효과적이죠. 이런 불모지가 가로수 화단 같은 작은 식재 공간으로 연결되면 더 좋고요. 이 장소를 통해 곤충이 이동하고 새와 씨앗도 함께 이동할 수 있기 때문입니다. 내 생각에 진짜 해야 할 일은 땅 밑 구조물이나 시설이 없는 공간을 확보하는 것입니다. 건물이나 주차장 지붕에 도시 숲을 조성하면 땅을 관통한 물이 플라스틱 막을 타고 미끄러져 물탱크나 하수구로 들어갑니다. 이런 시스템에서는 토양이 지닌 물 관성을 활용할 수 없어요. 반면에 식물원처럼 지하 구조물이 없는 곳은 토양이 균형을 찾고 세균과 미생물이 발달하여 식물과 동물 생태계에 이로운 환경이 만들어집니다."

쥐와 비둘기는 우리의 이웃

이런 변화 외에도 도시에서 우리와 함께 사는 동물들에 대한 시선의 변화도 필요하다. 아망딘 상비상스는 대도시에서 비참하게 살아가는 비둘기들을 위해 싸우고 있다. 시골 비둘기만큼이나 영리하고 예민한 이 새들은 주로 인간이 버린 부적절한 음식물을 먹고 살며 만성적인 질환에 시달린다. 바닥에 떨어진 머리카락이나 쓰레기봉투의 실에 엉켜 다리가 절단되는 경우도 허다하다. 파리 지하철은 그물을 이용해 새들의 접근을 막고 있는데, 일부는 거기 갇힌 채 천천히 굶어 죽기도 한다.

한 무리의 비둘기를 지나치던 아망딘이 내게 말한다. "다른 방법이 있어요. 바르셀로나에서는 전문가들이 비둘기들의 건강에 좋은 씨앗을 먹이는데, 이 씨앗에는 피임약도 포함되어 있어요. 그 결과 비둘기들의 몸 상태는 좋아졌지만 개체수가 많이 늘어나지 않았어요. 지금의 생각 없는 정책은 비둘기들을 더 어렵게 만들고 고통만 줄 뿐이죠."

그러면 쥐들은 어떨까? 대부분의 시민들은 이 설치류 동물을 혐오한다. 쥐는 '오염', '공격성', '병균' 같은 최악의 이미지를 떠오르게 한다. 하지만 사실 쥐는 우리에게 많은 혜택을 주는 동물이다. "쥐는 하수구를 막는 쓰레기를 엄청난 속도로 삼켜버립니다. 쥐가 없었다면 우리는 큰 곤경에 처했을 겁니다. 위험하다고요? 천만에요. 쥐들은 빈번하게 소변과 접촉하면서 소위 '하수구 병'을 옮기지만, 일반 대중들에게는 별 영향을 미치지 않습니다. 페스트요? 그건 사라진 지 오래되었죠." 건축가 니콜라 질술의 설명이다.

쥐는 번식력이 좋아 도시에 빠르게 퍼져 나간다. 오늘날은 쥐의 폭발적인 증가를 막기 위해 극심한 고통을 주는 독극물을 써서 쥐를 죽이고 있다. 하지만 독극물 대신 피임 미끼를 사용하는 등의 다른 해결책이 있다.

요즘엔 도시에서 길 잃은 개들 때문에 골치를 앓는 일이 없다. 길 잃은 개들이 사라져서가 아니다. "150년 전에도 파리에는 길 잃은 개들이 많았어요. 당시 파리시는 도끼로 개를 도살하는 방식으로 문제를 해결했습니다. 다행히 오늘날 우리는 개들에게 매우 동정적으로 바뀌었죠. 아직 갈 길이 멀지만 이제 도시 생태계의 '미운 이웃'들을 받아들이려고 노력해야 합니다."

다른 종들의 생존을 존중하고 공간을 공유한다고 우리의 좋은 삶이 희생되거나 자연에서 도태되는 것은 아니다. 그들에게 약간의 공간을 내주고, 서로에게 조심하고, 생태계를 함부로 파괴하지 않으면서 함께 살아가자는 것이다. 충분히 가능한 일이다.

나는 나미비아 북부를 취재했을 때의 좋은 기억을 아직까지 간직하고 있다. 드 리엣은 대도시에서 기차로 몇 시간 떨어진 사막 지대의 작은 마을이다. 지난 6년 동안 단 몇 방울밖에 비가 내리지 않은 이곳 마을에 처음 도착했을 때엔 세상의 끝에 온 것 같은 기분이었다. 극심한 건조 지역인 탓에 1년에 2~3일 만 땅 위로 물이 흐를 정도지만 나무가 자라는 데엔 충분해서 주민들은 물이 흐르지 않는 하우브 강 둑에 임시주택을 짓고 사는 마을이 있다. 사막 한가운데에 펼쳐진 기적의 목초지인 셈이다.

그런데 이곳에는 나뭇잎을 먹는 사바나 코끼리가 살고 있다. 마을에서 몇백 미터만 나가도 코끼리들이 그늘에 누워 낮잠을 자는 모습을 볼 수 있다. 그러나 인간과 코끼리의 공존은 쉽지 않다. 기후변화로 가뭄이 심해지면서 코끼리들은 물을 구하기 위해 마을로 접근한다. 목이 마른 코끼리는 배수구를 찾아 땅을 파고, 물을 마시려고 화장실을 부수고, 마을의 채소밭을 약탈한다. 주민들의 분노가 고조되면서 보호 동물을 향해 총을 쏘는 일까지 발생한다. 지역 당국은 이를 막기 위해, 협회의 도움으로 마을에서 조금 떨어진 곳에 시추공을 뚫고 대형 물탱크를 설치했다. 코끼리가 코를 담그고 갈증을 해소할 수 있을 만한 높이의 벽도 쌓았다.

죽이기보다는 나누어라! 이것이 세계에 전파되어야 할 생명의 철학이다. 동물뿐 아니라 우리 인간을 위해서도 그렇다. 생물다양성은 우리 호모 사피엔스가 사는 집과 같으며, 집의 벽돌하나하나가 한 생물 종이라고 할 수 있다. 동물이 하나 사라지면 우리 집 벽돌 하나가 없어진다. 처음엔 아무런 일도 일어나지 않을 것이다. 열 마리의 동물이 사라지면 열 개의 벽돌이 없어진다. 약간의 균열이 생기지만 아무도 눈치채지 못한다. 백 종이 사라지면 천정의 일부가 무너진다. 걱정스럽지만 언제든 고칠 수 있다면서 외면한다. 하지만 천 개의 벽돌, 천 가지 종이 사라지면 집 전체가 머리 위로 무너져 내릴 것이다. 거대한 생명 사슬의 작은 고리 중 하나일 뿐인 인간은 결코 혼자 살아남을 수 없다. 소설가 로맹 가리는 말했다. "오로지 인간만을 위해 만들어진 세상에서 인간이 설 자리는 없다."[57] 우리에게는 다른 동물들이 필요하다. 그들의 관심사는 곧 우리들의 관심사이기도 하다.

맺는말

행동의 시간

"이제 무엇을 해야 할까?"

이 책을 다 읽고 나면 당신은 이런 질문을 던질 것이다. 점점 더 많은 사람이 동물과의 관계가 개선되어야 하며, 함께 잘 살 수 있어야 한다는 믿음을 갖게 되었다. 그러나 반대로, 무력감이 우리를 사로잡을 때도 있다. 집약적 목축을 멈추고, 야생동물을 죽이거나 가두는 행위를 중단하고, 자연 서식지를 보존하려면 무엇을 해야 할까? 동물들에 가해지는 잔인하고 폭력적인 행위는 우리 사회에 관행처럼 뿌리박혀 있고, 이런 관행은 잘 조직된 압력 단체들에 의해 군건히 방어되고 있다. 벽은 좀처럼 넘을 수 없을 만큼 높아 보인다.

우리가 정말 현실을 변화시킬 수 있을지 때로 의심이 드는 것도 사실이다. 나도 그랬던 적이 있다. 한 가지 에피소드가 기억난다. 최근 몇 년 동안 우아즈 주에서는 사냥개 사냥 사고가 잇따랐다. 2021년 말, 알랭 드라슈가 이끄는 '숲의 친구들'이라는 사냥팀이 주택가에 피신한 사슴을 총으로 쏘아 문제가 되었다. 관련 법에 따르면 주거지 근처에 있는 동물은 놓아주어야 한다. 지역 주민들과 동물 보호 단체들의 분노가 들끓자 당시 생물다양성청장 베랑제르 아바는 조사 개시를 발표하고 사냥 및 야생동물 관리위원회(CDCFS)에 해당 사냥팀의 활동중지를 요청했다. 위원회가 구성되었다는 소식을 들었을 때만 해도 나는 일이 잘 해결될 것이라고 생각했다.

도지사가 위원장을 맡은 위원회는 주 정부 대표 3명, 산림 소유주 3명, 농업 분야 4명, 자연보호협회 2명, 과학자 2명, 그리고 12명의 사냥꾼 및 덫 사냥꾼들로 구성되어 있었다.[58] 보조 위원으로는 조사 대상인 사냥개 사냥협회 대표인 알랭 드라슈가 위원으로 참여했다. 즉 대부분 사냥꾼으로 구성된 위원회가 멤버 중 한 사냥꾼의 제재 여부를 결정하는 것이다.

이것이 끝이 아니었다. 산림 소유주 대표 중 한 명은 분야별 사냥연맹 회장의 동생으로, 사냥을 옹호하는 인물이었다. 사냥 및 야생동물 관리위원에는 국유지인 삼림을 관리하고 보호하는 국가삼림관리청도 포함되어 있다. 국가삼림관리청은 알랭 드라슈와 밀접한 관계인데, 다름 아닌 알랭 드라슈에게 사냥권을 임대하는 기관이었다! 연간 7만 유로의 임대료를 내면 드라슈의 사냥개들은 국가삼림관리청이 소유한 국유림에서 사슴을 사냥할 수 있는 권리를 갖는다. 이렇게 체결된 임대계약은 2016년부터 2028년까지 유효하며, 관리청이 사냥권을 통해 받는 총액은 84만 유로에 이른다. 그 대가로 알랭 드라슈와 그의 동료들은 매년 1년 이상 된 수컷 사슴 39마리를 사냥하여 죽일 수 있다.

마지막으로, 위원회의 '자연보호협회' 두 위원 중 한 명인 장-뤽 카롱은 사실상 사냥개 사냥을 옹호하는 사람이다. 그는 현지 언론과의 인터뷰에서 "사냥개 사냥은 선조들의 전원생활 전통을 물려받은 사냥 형태"라고 말한 바 있다.[59] 사냥꾼들의 무분별한 사냥을 막아야 하는 CDCFS는 이렇게 사냥꾼과 그 동료들에 의해 통제되고 있는 것이다.

위원회는 절차상 자문 의견만 제시할 수 있지만, 대부분의 경우 지사는 이들의 말을 받아들인다. 결국 이번 사슴 사건에 대해 알랭 드라슈의 팀에게 2주간 활동 금지의 솜방망이 처벌이 내려졌다. 이렇게 법의 테두리 밖에서 도살된 야생동물의 목숨은 가치를 인정받지 못한다.

나는 다른 사람들과 함께 소셜 네트워크를 통해 이 사건에 분노를 표했다. 몇 분 뒤에 내 전화기가 울렸다. 이 판결에 유감을 표한다는 생물다양성청장의 전화였다. 그녀도 이번 사태에서 사냥꾼들에게 면죄부가 주어진 데 대해 괴로워하고 있었다. 이번 솜방망이 처벌에 항의하기 위해 그녀는 사퇴까지 각오한다고 했다. 그렇지 않으면 주 정부도 눈 감아주고 넘어갈 것이 뻔하기 때문이다. 부당한 처사에 대해서 우리는 쉽게 포기하고 굴복한다. 이것은 축산업자들이나 어민 대표, 사냥 로비스트들이 바라는 바이다. 그들은 일반 시민들이 경제적, 정치적 힘에 눌려 아무 힘도 발휘하지 못하게 되기를 바란다. 그렇지만 우리는 해낼 수 있다!

먼저 소비자로서의 선택을 통해서다. 수백만 동물에게 고통을 주고 서식지를 파괴함으로써 만들어낸 제품을 덜 사거나 거부하면 동물들의 환경은 자동적으로 개선된다. 일반적으로 수요가 감소하면 공급도 감소한다. 예를 들어 육류 소비가 급격히 감소하면 매년 수십억의 생명이 학대와 죽임을 당하지 않아도 된다. 또한, 농장 동물들에 사료를 주기 위해 수백만 헥타르의 땅에서 삼림을 벌채하거나 살충제를 살포하지 않아도 되므로 야생의 자연을 보존할 수 있다.

동물들과 공감대를 형성하는 것도 가치 있다. 보호소에서 개나 고양이를 입양하거나, 다친 새를 보호 센터에 보내주거나, 햇볕 뜨거운 고속도로 휴게소에 주차된 트럭 안의 돼지들에게 마실 것을 주는 등… 모두 작지만 값을 매길 수 없을 만큼 소중한 행위들이다.

아내와 나는 최근에 한 동물 보호 단체로부터 다섯 살 난 개 피아를 입양했다. 유기견이었던 피아는 사랑이 넘쳐 우리가 가는 곳은 어디든 따라다닌다. 피아가 나를 보거나, 꼬리를 흔들거나, 두 발을 공중에 올리고 자는 모습을 보면 내 마음은 행복해진다. 19세기 미국의 철학자 랄프 왈도 에머슨은 "내가 이 세상에 왔기에 적어도 한 존재가 더 잘 숨 쉬고 있음을 아는 것, 그것을 나는 인생의 성공이라고 부른다."라고 말했다. 이 문구는 좌절의 순간마다 나에게 힘을 준다.

개별적 행동도 중요하지만, 모든 사람에게 같은 책임이 있는 것은 아니므로 그것만으로는 충분치 않다. 예를 들어, 정치인과 경제인 등 힘을 가진 사람들이 자신들이 가진 권한으로 법을 바꾸거나 잘못된 관행을 중단시켜 문제를 해결할 수 있다. 정부나 유럽연합 당국이 공장식 축산업을 단계적으로 폐지하는 것을 막을 합당한 이유는 없다. 프랑스 정치인들은 다른 유럽 국가에서는 금지된 잔인한 방식의 사냥인 투우나 기절 없이 행하는 종교적 도살을 금지시킬 권한이 있다. 프랑스와 스페인을 제외한 모든 유럽 국가에서 투우는 금지되어 있다. 영국, 독일, 벨기에에서는 사냥개를 이용한 사냥이 금지되어 있으며, 기절시키지 않는 도축은 스위스, 오스트리아, 노르웨이, 슬로베니아, 덴마크 등에서 금지되어 있다. 이 모든 것이 정치적 의지에 달린 것이다.

그러나 유감스럽게도 통치자들의 신념이나 공익적 판단에 모든 걸 의지할 수는 없다. 그들 중에는 진심으로 헌신하는 마음을 가진 사람도 있지만 대다수는 힘의 균형이라는 한 가지 목적만 가지고 움직인다. 때문에 그들은 최대한 시끄럽지 않은 옵션을 선택할 공산이 크다. 축산업자와 도축업자, 사냥꾼, 농식품업계, 수산업자들은 풍부한 재정 아래 자신들의 이익을 도모하도록 잘 조직되어 있다. 이들은 권력층과 밀접한 관계를 유지하며 힘을 발휘한다. 정치인들도 이들에게 호의적이어야만 표를 얻을 수 있기 때문에 되도록 문제를 만들지 않으려고 한다. 이에 맞서는 시민들이 충분한 힘을 가지지 못하면 이들은 늘 싸움에서 승리하게 되어 있다.

가만히 앉아 위로부터 변화가 내려오길 바라면 아무 일도 일어나지 않는다. 동물을 위한 획기적인 결정이 내려지기 바란다면 우리가 맨 먼저 할 일은 권한을 가진 이들에게 압력을 가하는 것이다.

- 동물 문제에 나서지 않으려는 사람에게는 표를 주지 말자.
- 기회가 있을 때마다 선출직 공직자들 방문하자. 시장의 상인회장, 장관, 국회의원, 지역행사 중인 지역 의회 의원 등 우리가 뽑은 대표자들에게 기회가 있을 때마다 요구사항을 전달하자. 그들은 모두 권한을 가지고 있는 사람들이다.
- 동물에 대한 입장에 따라 유권자로서 판단을 내릴 것임을

분명히 하자.

- 생명 보호를 정치나 선거의 이슈로 삼는 선출직 공무원을 지지하자.
- 동물 보호 단체에 가입하여 다양한 로비에 맞서고 법적 조치 수단을 강구하자. 청원서에 서명하고 현장이나 소셜 네트워크를 통해 행동에 동참하자.
- 회사나 부서 내의 의사결정에서 다른 생명체에 미치는 영향을 다시 생각해 보자.
- 이웃, 친구, 가족에게 동물 착취의 폭력성과 부당함을 알리자. 그들에게 통계수치를 알려주고, 사진을 보여주고, 다큐멘터리를 추천하고, 책을 빌려주자.

집단의 움직임이 시작되었다. 2020년 프랑스에서는 여러 협회 및 유명 인사들이 집약적 사육, 사냥개 사냥, 모피 농장, 동물 쇼 등을 종식시키는 법을 제정하기 위해 '동물을 위한 국민투표'를 시작했다. 공동발의국민투표(RIP) 시스템을 통해 백만 명의 서명을 모았고, 전체 정당의 하원과 상원 의원들 약 150명의

▼ **공동발의국민투표(RIP)**

RIP(Référendum d'Initiative Partagée)는 시민들이 법률 제정에 참여할 수 있는 프랑스의 특별 입법 과정으로 2015년부터 시행되었다. 국회의원 5분의 1 이상이 발의하고 유권자 10% 이상의 지지를 받으면 국민투표에 붙일 수 있는 절차이다. 하지만 절차가 복잡하고 까다로워서 지금까지 이 제도를 통해 국민투표에 붙인 적은 한 번도 없다.

지지를 받아냈다. 이러한 대중적, 정치적 압력 덕분에 국회는 정부의 승인 아래 서커스, 돌고래 수족관, 펫샵에서 개와 고양이의 판매, 모피용 밍크 농장에서의 밍크 사육을 금지하는 법을 제정했다. 이렇게 선출직 공직자들은 행동할 때보다 아무것도 하지 않을 때 더 큰 정치적 위험을 감수해야 함을 알게 된다. 로비와 대중 사이에 힘의 균형은 이런 식으로 재조정될 수 있다.

우리가 모든 싸움에서 이기지는 못했지만 큰 진전을 이뤄낼 수는 있었다. 굳건했던 벽에 균열이 가기 시작했다. 무엇이든 행동이 중요하다. 2022년 4월, 나는 에펠탑 주변을 재개발하려는 파리 시의회의 계획에 반대하는 청원에 지지하는 서명을 했다, 그중에는 새들의 서식지 보존을 위해 몇백 년 된 나무 수십 그루를 벌목하는 것에 반대하는 청원도 포함되어 있었다. 약 15만 명이 서명하고 수천 명이 소셜 네트워크를 중심으로 행동에 나서자, 해당 지자체는 한발 물러서서 해당 부지의 나무를 베지 않기로 약속했다. 시민들의 헌신적인 노력으로 전국에서 작은 승리들이 이뤄지고 있다. 이런 사례는 신문의 헤드라인을 장식하지는 못해도 강력한 연대를 만들어내는 데에는 도움이 된다. 보다 의미 있는 진전을 이뤄내려면 더 많은 사람들이, 더 조직적으로, 더 과감하게 나서야 한다.

우리가 열망하는 따뜻한 세상을 만드는 일은 우리의 몫이다. 알버트 아인슈타인은 "앎의 특권을 가진 자에게는 행동할 의무가 있다"고 말했다. 이 책을 덮고 나면 이제 행동에 나서야 할 때이다.

감사의 말

먼저, 자연과 동물을 지키는 데에 마음과 영혼을 바친 사람들, 그리고 제가 현장에서 동행하며 큰 존경을 빚지고 있는 사람들에게 감사의 인사를 전하고 싶습니다. 이 싸움은 여러분에게 영광이고 우리에게는 의무입니다.

바쁜 일정 중에도 시간을 내어 저를 도와준 과학자들에게도 깊은 감사를 드립니다. 이 책을 통해 그들의 경고와 전문 지식 그리고 그들이 제안하는 해결책을 널리 알리는 데 도움이 되기를 바랍니다.

여러분께서 오랜 세월 동안 보내주신 관심과 성원에도 감사드립니다. 끊임없는 지원과 멋진 아이디어, 전염성 있는 열정으로 이 프로젝트를 끝까지 이끌어 준 편집자 다미앙 베르주레Damien Bergeret, 이 책에 힘을 실어준 소피 드 클로제츠Sophie de Closets와 이자벨 스포르타Isabelle Saporta 그리고 카티 페네슈Katy Fenech에게 큰 감사를 표합니다.

208

필수 참고 문헌을 제공한 클레망 아들리^{Clément Aadli}에게도 깊은 감사를 드립니다.

장 앙드레^{Jean André}의 멋진 삽화에 감사드립니다.

때로 힘들었지만 항상 필요한 동료애를 발휘하며 탐사와 자료조사를 통해 이 모험을 함께한 윈터^{Winter} 프로덕션의 모든 팀원들에게 감사드립니다.

교정을 맡아 꼼꼼하게 교정해준 클라라 드 보종^{Clara de Beaujon}과 에브 퓌졸^{Ève Pujol}에게 특별한 감사의 말을 전합니다. 두 분의 교정 없이는 아무것도 할 수 없었을 것입니다.

밤낮을 가리지 않고 귀중한 우정과 현명한 조언을 아끼지 않은 레기스 라만나-로다^{Régis Lamanna-Rodat}와 피에르 그랑주^{Pierre Grange}에게도 감사를 드립니다.

이 책을 집필하는 거의 10년 동안 한결같이 격려를 아끼지 않은 니콜라 플리송에게도 고마움을 전합니다.

물론 이 책은 사랑하는 아내 알렉상드라의 변함없는 응원이 없었다면 불가능했을 것입니다. 알렉상드라와 함께 천진난만하고 따뜻한 시선으로 세상을 바라보는 딸 에이바와 짐에게도 고마운 마음을 전합니다. 마지막으로 부모님 크리스틴과 장 폴, 조부모님 안네 마리, 크리스티앙, 나의 형제인 엘리스와 레나, 자비에 그리고 빛나는 친구들에게도 감사드립니다. 저에게 주신 모든 사랑에 감사드립니다.

주석(Endnotes)

1 Laëtitia de la Tullaye et Magalie Delobelle, *Manuel du lapin heureux*, Ulmer, 2021.

2 Pierre Rigaux, *Étonnants lapins*, Delachaux et Niestlé, 2020.

3 〈Daily Mail〉 2018년 6월 기사, "당근은 토끼들에게는 나쁘고 상추는 훨씬 더 나쁘다고 RSPCA 애완동물 주인들에게 경고"

4 물론 당근은 토끼에게는 좋지 않지만, 인간들은 다른 신선한 과일과 채소와 함께 당근을 마음껏 섭취해도 아무 문제가 없다.

5 Pascal Picq, Laurent Sagart, Ghislaine Dehaene, Cecile Lestienne, *La Plus Belle Histoire du langage*, Seuil, 2008.

6 Yuval Noah Harari, *Sapiens, une brève histoire de l'humanité*, Albin Michel, 2015.

7 동물의 행동을 연구하는 과학자.

8 Emmanuelle Pouydebat, *L'Intelligence animale*, Odile Jacob, 2017.

9 Sabrina Krief, *Chimpanzés, mes frères de la forêt*, Actes Sud, 2019.

10 *Sapiens*, 앞의 책

11 Ibid. 앞의 책

12 Ibid. 앞의 책

13 Nicolas Mathevon, *Les animaux parlent, sachons les écouter*, HumenSciences, 2021.

14 인간 중심주의는 인간을 세상의 중심에 두고 오직 인간의 관점에서만 현실을 바라보는 철학적 관점을 말한다.

15 Jeremy Bentham, *Introduction aux principes de morale et de législation*, 1780.

16 Hugo Clément, *Comment j'ai arrêté de manger les animaux*, Seuil, 2019.

17 쿵쿵이 피난처로 오는 동물들은 목축을 그만둔 주인이 직접 데려오 거나, 떠돌아다니는 것을 누군가 발견하여 데려오거나, 학대를 당한 뒤 당국의 요청으로 데려온다.

18 L214, *기아가 더 이상 수단을 정당화하지 못할 때*, Les Liens qui libèrent, 2019.

19 프랑스농업협회(FranceAgriMer)에 따르면 2019년 프랑스 국민 1인당 연간 육류 소비량은 86.2kg으로 세계 1인당 연간 평균 소비량인 약 40kg을 크게 넘어선다.

20 유엔 식량 농업기구, 2013년 보고서.

21 *생물다양성과 생태정책에 관한 정부 간 과학 정책 플랫폼*, 2020.

22 반종주의는 생물의 어떤 종도 다른 종보다 우월하지 않다고 주장하 는 사상이다. 그리고 반인종주의는 인종 간에 우월하고 열등한 차이 는 없다는 사상이다.

23 Élisabeth de Fontenay, *Le Silence des bêtes*, Fayard, 1998.

24 Romain Espinosa, *Comment sauver les animaux?*, Presses universitaires de France, 2021.

25 Ibid. 앞의 책

26 Ibid. 앞의 책

27 *World Animal Protection*, 2020년 보고서.

28 헬레나 호튼, "활동가들은 성인 수컷 고릴라를 살처분하려는 유럽 동 물원의 시도를 규탄한다.", 〈가디언〉, 2021 년 11 월 26 일.

29 Derrick Jensen, *Zoos, le cauchemar de la vie en captivité*, Éditions libre, 2018.

30 앞의 책 서문.

31   BIPE, *2015년 사냥의 생태계 공헌에 대한 평가* FNC.

32   《C뉴스》 및 〈르 푸앵〉과의 인터뷰, 2020년 8월.

33   2022년 프랑스사냥협회 웹사이트.

34   〈AFP통신〉, 2020년 11월.

35   2022년의 추산에 따르면, 알프스 산맥에 사는 산양들의 브루셀라병
      유병률은 5년 동안 10분의 1로 감소하였다.

36   Pierre Rigaux, *Pas de fusils dans la nature*, HumenSciences, 2019.

37   프랑스사냥협회에 따르면 멧돼지 피해 농가에 대한 직접 보상금으로
      4천6백만 유로(실제 피해액), 사건 처리 비용으로 2천5백3십만 유로,
      예방 조치 비용으로 6백만 유로 등 모두 7천7백만 유로(한화 약 1천8십
      억)가 지급되었다.

38   Laurent Carnis & François Facchini, *게임 피해에 대한 경제적 접
      근. 배상, 보상 및 소유권*, 2012년 1월~3월, 지역경제.

39   〈La Nouvelle République〉 기사, 2021년 9월 9일.

40   〈France Bleu Gard-Lozère〉 기사, 2022년 2월 3일.

41   Hofmeester TR, Van Wieren SE 외, "*포식자 활동이 진드기 매개
      질병 위험에 미치는 계단식 효과*", 왕립 학회 B 회보 : 생물 과학, 284
      권, 2017.

42   Pierre Rigaux, 앞의 책.

43   베너리즉각철폐(Abolissons la Vénerie Aujourd'hui)는 사냥개를 이용
      한 사냥에 반대하는 프랑스의 동물 보호 단체이다.

44   2021년 9월 원보이스가 Ipsos에 의뢰한 조사

45   2021년 3월 브리지트-바르도 재단이 IFOP에 의뢰한 조사.

46   2021년 9월 원보이스가 Ipsos에 의뢰한 조사.

47   "*2022년 대선, 피해갈 수 없는 사냥꾼들의 표심*", La Croix, 2022년
      2월 21일.

48   연락책은 해외 취재에서 빼놓을 수 없는 역할을 한다. 이들은 촬영이
      이루어지는 나라나 지역 출신으로, 취재진이 함정을 피하고, 적절한
      사람을 만나 탐사와 취재를 할 수 있도록 도와준다. 또한 통역 역할을
      해주기도 한다.

49 IPBES, 2019.

50 WWF, *살아있는 지구 연구*, 2018.

51 Chris A. Boulton, Timothy M. Lenton, Niklas Boers *"2000년대 초부터 아마존 열대우림 회복력 뚜렷한 감소세"*, 2022.

52 '보호지역 내의 *날벌레 바이오매스 27년 동안 75% 이상 감소*', PLoS One, 2017년 10월.

53 *"식물성 의약품이 생물 다양성 및 생태계 서비스에 미치는 영향"*, expertise scientifique collective Ifremer-Inrae, 2022년 5월.

54 유엔환경계획 및 세계자연보전연맹(IUCN)의 세계보존감시센터 자료.

55 과학자, 협회, 정부, 세계자연보전연맹(IUCN) 등 국제 전문가 그룹이 작성한 분류. 법적 분류는 아니지만 해양 보호를 강화하기 위한 보호 수준을 나타낸다.

56 이 주제에 관한 니콜라스 질술의 저서로는 *엽록소와 도시의 짐승들*, Fayard, 2019 & 2022이 있다.

57 로맹 가리, *"코끼리에게 보내는 편지"*, Le Figaro littéraire, 1968년 3월.

58 여기에는 사냥연맹의 분과별 회장과 특정 임무를 수행하기 위해 공공기관에서 임명한 늑대 사냥단 대장을 포함한 10명의 사냥꾼과 2명의 덫사냥꾼(덫을 설치하는 사냥꾼)이 포함되어 있다.

59 *사냥꾼 축제에 초대된 사냥꾼 반대자들*, 〈Le Parisien〉, 2008년 8월 31일

■ 동물권행동 카라(Korea Animal Rights Advocates)

동물권행동 카라는 2002년에 설립된 동물보호시민단체입니다. 동물이 인간의 일방적인 착취와 이용에서 벗어나 존엄한 생명으로서의 본연의 삶을 영위하고 모든 생명이 균형과 조화 속에서 공존하는 세상을 만들기 위해 활동하고 있습니다. 동물권의 인식을 높이기 위한 교육, 문화 활동을 벌이고 법과 제도 개선을 위한 입법활동으로 동물복지를 증진하고 있습니다. 또 위기에 처한 동물 구조, 동물보호소 운영, 입양, 동물학대의 법적 대응 등으로 동물보호 사업을 펼치고 있습니다.

www.ekara.org

■ 동물자유연대(Korean Animal Welfare Association)

동물자유연대는 인간에 관리되는 모든 동물들이 인도적인 대우를 받고, 동물이 인간에 의해 이용되거나 삶의 터전을 잃지 않도록 힘써 인간과 동물이 생태적, 윤리적으로 조화를 이루며 평화롭게 공존하는 사회를 만들자는 취지로 활동하고 있는 단체입니다. 이를 위해 유기 동물과 피학대 동물 구조 활동과 시민들의 의식 고취 캠페인, 동물의 권리를 위한 법적, 제도적 장치 마련에 노력을 기울이고 있습니다. 2000년대 초 아직 '입양'이라는 단어가 낯선 우리 사회에 동물 입양 문화를 뿌리내리게 하였으며, 2007년에는 농장 동물 실태를 공론화하여 국민의 관심을 집중시켰습니다. 2013년에는 국내 최초의 선진형 동물복지시설 온센터의 문을 열었고, 같은 해 돌고래 제돌이를 바다로 돌려보내는 성과를 내기도 했습니다. 2016년 강아지 공장 실태를 폭로하여 정부 중앙부처에 동물보호 전담부서를 신설하게 했고, 2018년 내

실에 갇힌 사자 가족과 2022년 사육곰 22마리를 구출하여 외국 생추어리로 보내주기도 했습니다. 인간과 동물의 바람직한 공존을 위해 대한민국 동물보호 운동의 새로운 역사를 써나가고 있습니다.

https://www.animals.or.kr/

■ 한국채식연합(Korea Vegan Union)

한국채식연합은 2008년에 설립된 비영리 단체로, 채식과 비건을 홍보하고 지원하는 목적을 가지고 있습니다. 채식주의자의 날, 비건의 날, 채식 급식 캠페인, 채식 요리 강좌, 채식 식당 안내 등 채식과 비건의 필요성을 알리고 국민의 인식을 높이기 위한 다양한 캠페인과 활동을 진행하고 있습니다. 또한 군대나 공공급식에서의 채식선택권 등을 보장받기 위해 국가인권위원회에 진정하거나 헌법소원을 제기하는 등의 법적인 행동을 취하기도 합니다.

https://www.vege.or.kr/

■ 피엔알(People for Non-human Rights)

동물권연구단체 PNR은 동물권과 동물 보호에 관심 있는 변호사들이 주축이 되어 2017년에 설립되었습니다. 모든 생명이 더불어 살아가는 세상을 위해 비인간 동물의 법적 권리를 찾고자 노력하고 있습니다. 동물의 법적 지위와 권리를 위한 법률 제정 및 개정, 동물권에 관한 조사와 연구, 생명존중 교육, 동물권 인정을 위한 소송 등의 다양한 활동을 벌이고 있습니다.

http://pnr.or.kr/introduce

■ 동물권단체 하이(HAI, Happy Animal Initiative)

동물권 단체 하이(HAI, Happy Animal Initiative)는 동물도 존엄한 생명체임을 인식하고, 인간과 동물이 함께 행복한 세상을 만드는 것을 목적으로 2017년에 설립된 시민 단체입니다. 동물의 복지 개선을 넘어, 동물의 해방을 주장하며, 동물을 고통스럽게 하는 모든 산업과 제도의 완전한 철폐를 요구합니다. 비거니즘, 동물실험 반대, 모피 금지, 개도살 금지, 동물원과 수족관 철폐 등의 캠페인을 진행하며, 위기 동물의 구조와 치료, 동물권 교육과 세미나, 법과 정책 개선 등의 활동을 수행합니다.
www.hai.or.kr/

■ 동물권단체 케어(care)

2002년에 설립된 대한민국의 동물권단체 케어는 동물권이 인정되고 확대되는 세상을 만들기 위해 최전선에서 활동해 왔습니다. 대다수 동물에게 극심한 고통을 가하는 경제사회구조에 반대하고 비거니즘을 옹호하는 태도를 언제나 선명히 드러내는 한편, 위기의 동물 곁에서 그들이 학대받는 현실과 그 부당성, 새로운 삶의 가능성을 보여주었습니다. 대한민국 동물보호법의 주요한 발전에는 케어의 헌신적이고 창의적이며 비타협적인 활동이 그 배경으로 있었습니다. 케어는 동물을 학대하는 경제사회구조를 비껴가는 국가의 동물복지주의와 주류 동물단체의 장식적 활동을 비판하고 동물권 이론을 발전시키고 실현시켜 나갈 것입니다.
https://animalrights.or.kr/

■ 동물보호단체 라이프(Live In Freedom & Equality)

2019년에 설립된 비영리 단체로, 동물들의 불필요한 고통과 희생을 줄이고, 동물권을 존중하며, 인간과 동물이 공존할 수 있는 세상을 만들기 위한 활동을 지속해 나가고 있습니다. 동물권 인식 개선을 위한 찾아가는 교육, 초·중등 교원 대상 동물보호 교재 편찬 등 동물권 인식 개선에 대한 교육 문화 확산을 위해 노력하고 있으며, 동물의 권리와 복지를 보장하는 법률을 제정하고 개선하기 위해 정부와 국회에 요구하고, 법안 제출과 입법 활동을 합니다. 개농장(번식장), 고양이공장(번식장), 식용개농장 등 다양한 동물 구조 및 입양 지원, 야생동물 및 전시동물 환경개선, 법률지원센터 운영 등을 통해 동물의 고통을 줄이고, 동물과 사람의 올바른 관계를 정립하는 활동을 하고 있습니다.
http://www.savelife.or.kr/

■ 동물해방물결

 동물해방물결은 2017년에 설립되었으며, 동물의 복지 개선을 넘어 동물의 해방을 주장하는 동물권 단체입니다. 동물을 고통스럽게 하는 모든 산업과 제도의 완전한 철폐를 요구하며, 비거니즘, 동물실험 반대, 모피 금지, 개 도살 금지, 동물원과 수족관 철폐 등의 캠페인을 진행하고 있습니다.

https://donghaemul.com/

■ 서울동물학대방지연합(KAPCA)

 동물학대방지연합은 동물보호법 개정 공청회에 참여한 사람들이 동물에 관한 시민 단체의 필요성을 공감하여 1999년에 설립된 단체입니다. 유기동물 구조, 치료, 보호, 입양 등 유기동물을 위한 사업을 하고 있으며 양주에서 유기동물보호소를 운영하며 유기동물을 160마리 가까이 보호하고 있습니다. 동물의 고통과 학대를 방지하기 위한 각종 캠페인과 함께 반려동물 식용금지, 채식장려, 동물학대 방지, 동물보호 관련 법령 제정, 동물보호 캠페인, 교육, 야생동물들을 위한 정책제안, 농장 동물의 복지 등 동물보호 전반에 걸친 사업을 실시하고 있습니다.

http://foranimal.or.kr/

■ **왕립동물학대방지협회**
(RSPCA : Royal Society for the Prevention of Cruelty to Animals)

잉글랜드와 웨일즈에 본부를 두고 동물 학대 예방과 동물 복지의 증진을 위해 활동하는 자선 단체입니다. 1824년에 설립된, 세계에서 가장 오래되고 규모가 큰 동물 복지 단체 중 하나로, 영국 내에 200여 개의 지부를 두고 있으며 유럽, 아프리카, 아시아 등에서도 국제적인 봉사활동을 벌이고 있습니다.
https://www.rspca.org.uk/

■ **원보이스**(One-Voice)

원보이스는 1995년 설립된 프랑스의 동물보호 단체입니다. 동물실험, 사육, 사냥, 서커스, 수족관 등 동물을 학대하는 산업에 대한 조사와 캠페인을 진행하고 동물 구호 작업, 동물권 보호를 위한 법률 개정 요구 등의 활동을 벌이고 있습니다.
https://one-voice.fr/en

■ **세계동물보호협회**(WAP : World Animal Protection)

세계동물보호협회(WAP)는 1981년 설립되어 운영되고 있는 국제 비영리 동물권 단체입니다. 세계 동물의 권리 옹호와 동물 학대의 종식을 모토로 활동합니다. 런던에 본부를 두고 있으며 아프리카, 아시아, 유럽, 라틴 아메리카, 북미 지역에 14개국에 사무소를 두고 있습니다.
https://www.worldanimalprotection.org/

▪ L214협회

2008년에 설립된 프랑스 동물 보호 단체. 주로 공장식 축산과 도축장에서 벌어지는 동물 학대에 맞서 싸우고 있습니다. 동물들에게 가해지는 가혹한 환경과 학대를 알리는 충격적인 영상을 공개하고 동물 복지 개선을 위한 입법 개혁을 추진하는 등의 활동을 합니다. 동물의 법적 보호를 규정한 프랑스 농촌법 L214-1 조항에서 이름을 따왔습니다.
https://www.l214.com/qui-sommes-nous/en-bref/

▪ AVES(Agir pour le Vivant et les Espèces Sauvage)

AVES(생명과 야생종을 위한 행동)은 야생 상태에 있거나 포획된 동물들을 보호하기 위해 2005년에 설립된 프랑스의 환경 단체입니다. 100% 자원봉사자들로 구성된 팀에 의해 운영되고 있으며 현재 2천 명 이상의 유료회원을 보유하고 있습니다.
https://www.aves.asso.fr/

▪ 세계자연기금(World Wide Fund for Nature)

세계자연기금(WWF)은 스위스 그란에 본부를 둔 세계 최대의 국제 자연보전 단체입니다. 하나뿐인 지구의 자연환경을 보전하고 인간이 자연과 조화롭게 살아가는 미래를 만드는 것을 목표로 생물 다양성을 보전하고 기후변화와 환경오염에 대한 문제의식을 고취하기 위해 힘쓰고 있습니다.
https://www.worldwildlife.org/

▪ 페타(PeTA : People for the Ethical Treatment of Animals)

페타(PeTA)는 "동물을 인도적으로 대우하는 사람들"이라는 뜻으로, 1980년 설립되어 전 세계에서 약 2백만 명의 회원이 활동하고 있습니다. 동물도 인간이 누리는 것과 같은 권리가 있다고 주장하며, "동물은 먹기 위한, 입기 위한, 실험하기 위한, 오락을 위한 수단이 아니다"라는 구호와 함께 다양한 활동을 벌이고 있습니다.
https://www.peta.org.uk/

■ **국제자연보전연맹**(IUCN : International Union for Conservation of Nature and Natural Resources)

 국제자연보전연맹(IUCN)은 전 세계 자원 및 자연 보호를 위하여 유엔의 지원을 받아 1948년에 국제기구로 설립되었습니다. 지금은 1천1백 개 이상의 국가와 정부 기관 및 NGO들이 참여한 연합체 형태로 발전하여 세계 최대 규모의 환경 단체가 되었습니다. 자원과 자연의 관리 및 동식물 멸종 방지를 위한 국제간의 협력 증진을 도모하고, 야생동물과 야생식물의 서식지나 자생지 등 자연을 보호하기 위한 전략을 마련하여 회원국에 배포하고 있습니다. IUCN은 멸종 위기에 있는 종의 보전 상태를 평가하는 적색 목록(Red List)을 발표하고 있는데, 이는 생물 다양성의 상태에 관한 국제적 권위를 지닌 지표로 인정받고 있습니다.
https://iucn.org/

■ **시셰퍼드보호협회**(SSCS : Sea Shepherd Conservation Society)

 시셰퍼드보호협회(SSCS)는 해양 생물 보호를 위한 직접적 행동을 내세우는 국제 비영리 조직입니다. 미국 워싱턴주에 본부를 두고 있는 이 단체는 포경선을 들이받거나 침몰시키는 등 과격한 행동으로 알려져 있으며 1980년에는 포경선 시에라호를 침몰시켰고, 2019년에 일본의 포경 활동을 저지하기도 했습니다.
https://www.seashepherdglobal.org/

■ **휴먼소사이어티인터내셔널**(HSI : Human Society International)
세계 최대 규모의 동물보호 단체 중 하나입니다. 미국, 캐나다, 중앙아메리카, 영국과 유럽, 한국, 오스트레일리아, 남아프리카 등 여러 국가에 사무소를 두고 있으며, 그밖의 나라에서도 특별한 야생동물 보호 프로젝트를 진행하고 있습니다. 야생동물, 실험동물, 농장동물, 반려동물, 개식용 반대 등 동물들을 위한 활동을 벌이며, 동물 보호를 위한 정책 제안, 입법, 시민 교육 등을 통해 동물을 보호하고 존중하는 사회를 만들기 위해 노력하고 있습니다.

https://www.hsi.org/

■ 세계동물보건기구(WOAH : World Organisation for Animal Health)

세계 동물 보건 기구(WOAH)는 동물의 건강과 복지를 증진하고, 동물 질병의 예방과 통제를 위해 국제적으로 협력하는 국제 기구입니다. 1924년에 28개국이 참여한 가운데 프랑스 파리에 설립되었으며, 현재는 182개의 회원국이 있습니다. 동물 관련된 제품의 국제 무역에 대한 위생 기준을 정하고, 각국의 동물 위생 상황에 대한 정보를 수집하고 공유합니다. 또한, 동물 복지, 야생동물, 식품 안전 등과 관련된 다양한 프로젝트와 캠페인을 진행하고 있습니다. 동물과 인간의 건강을 보호하고, 과학적 접근법을 통해 동물의 복지를 높이는 일에 헌신합니다.

https://www.woah.org/

■ 국제동물복지기금(IFAW : International Fund for Animal Welfare)

국제동물복지기금(IFAW)은 1969년 캐나다에서 설립된, 세계적 규모의 동물 복지 및 보존 자선 단체입니다. 동물 구조와, 개체군 보호, 서식지를 보존 등을 위해 노력하고 있습니다. 40개국이 넘는 곳에서 활동하고 있으며, 유기동물 구조, 코끼리와 사자와 같은 야생동물 보호, 북극곰 사냥 금지 운동, 해양동물 보존 등 다양한 프로젝트와 캠페인을 진행하고 있습니다.

https://www.ifaw.org/international

우리가 동물에 대해 알아야 할 진실

토끼는 당근을 먹지 않는다

1판 1쇄 발행 2023년 12월 15일

지은이 위고 클레망
옮긴이 박찬규
책임편집 박찬규
편집 박선민, 조정훈
디자인 페이지트리
펴낸곳 구름서재
펴낸이 박찬규
등록 제396-2009-000058호
주소 경기도 고양시 일산동구 산두로 88 정발마을 107-103
이메일 fabrice@naver.com
블로그 http://blog.naver.com/fabrice

ISBN 979-11-89213-39-8 (03330)

"오로지 인간만을 위해 만들어진 세상에서
인간이 설 자리는 없다."

— 로맹 가리